RESEARCH ON VEHICLE-BRIDGE INTERACTIONS BASED ON
WAVE PROPAGATION OF
LONG SPAN HIGHWAY CABLE POLE SYSTEM BRIDGE

大跨公路索杆体系桥梁
基于波传播分析的
车-桥耦合振动研究

黄 娟 著

人民交通出版社股份有限公司
北 京

内 容 提 要

本书基于波传播分析的车-桥耦合振动方法,通过分析车辆移动冲击产生的冲击波在索杆体系桥梁中达到平稳状态之前的传播和相互作用过程,探讨车辆动载交通作用下索杆结构体系桥梁的早期效应及局部效应,解析某系杆拱桥运营期间遭重载车过桥导致垮塌的工程事故案例,制定了索杆体系桥梁基于波传播分析的车-桥耦合振动系统所控制的吊杆预警索力识别实施方案。

本书可供从事土木工程(尤其是桥梁结构工程)领域的工程设计人员、研究人员以及相关专业的高年级本科生、研究生参考使用。

图书在版编目(CIP)数据

大跨公路索杆体系桥梁基于波传播分析的车-桥耦合振动研究 / 黄娟著. — 北京:人民交通出版社股份有限公司,2023.6

ISBN 978-7-114-18840-4

Ⅰ.①大… Ⅱ.①黄… Ⅲ.①长跨桥—公路桥—侧向振动—研究 Ⅳ.①U448.14

中国国家版本馆 CIP 数据核字(2023)第 107607 号

Dakua Gonglu Suogan Tixi Qiaoliang Jiyu Bo Chuanbo Fenxi de Che-Qiao Ouhe Zhendong Yanjiu

书　　名:大跨公路索杆体系桥梁基于波传播分析的车-桥耦合振动研究
著 作 者:黄　娟
责任编辑:刘国坤
责任校对:孙国靖　刘　璇
责任印制:张　凯
出版发行:人民交通出版社股份有限公司
地　　址:(100011)北京市朝阳区安定门外外馆斜街 3 号
网　　址:http://www.ccpcl.com.cn
销售电话:(010)59757973
总 经 销:人民交通出版社股份有限公司发行部
经　　销:各地新华书店
印　　刷:北京建宏印刷有限公司
开　　本:720×960　1/16
印　　张:9.5
字　　数:167 千
版　　次:2023 年 6 月　第 1 版
印　　次:2023 年 6 月　第 1 次印刷
书　　号:ISBN 978-7-114-18840-4
定　　价:70.00 元

前　言

Preface

　　大型桥梁是国家重要的交通基础设施。索、杆作为高效率、高应力柔性构件，在现代大跨径系杆拱桥、斜拉桥、悬索桥等索杆体系桥梁中应用广泛，索、杆的两锚固端受到刚度较大构件的约束，且大跨索杆体系桥梁运营期间，受车辆荷载、气候、环境等外界环境影响，拉索大都安装减振装置，索、杆结构的约束边界越来越复杂，而大跨索杆体系桥梁随服役时间的延长，易累积锈蚀和疲劳损伤，实际承载性能不断劣化且发生索力变迁，加之当前长大跨公路索杆体系桥梁向着轻量化、高速度、大运载量、舒适、安全等趋势发展，对在役索杆体系桥梁的索力识别水平提出了更高要求。但是，现行基于频率法测定索力的技术因略去了高阶频率而不能识别吊杆锚固区域的真实索动力响应，无法应用于复杂边界与车辆荷载的约束耦合。当前对索、杆锚固接头所处复杂几何及力学边界的动应力传递途径和疲劳损伤机理的研究还很少，如何基于桥梁工程结构整体可靠性基本思想来模拟索杆体系桥梁的局部构件受车辆荷载作用的冲击响应，摸清处于复杂边界约束的索、杆锚固接头对车辆荷载的传力行为和拉索动力响应，是大跨公路索杆体系桥梁运营期间亟需解决的关键科学问题，亦是当前大跨和特大跨公路桥梁长时效安全管养亟需解决的难题。

　　实际上，在役大跨公路索杆体系桥梁车-桥耦合振动的安全可靠性和索、杆所处的复杂几何及力学边界约束，可以通过分析车辆交通引起的冲击在索杆体系桥梁不同传递途径下各构件动刚度匹配问题体现出来，冲击波传播理论是研究索、杆复杂边界与车辆荷载约束耦合关系的最佳工具之一。本书从分析索杆体系桥梁由车辆荷载产生的冲击波在桥梁结构体系的主要传递途径为视角，提出基于波传播分析的车-桥耦合振动方法，探讨随机车辆疲劳波谱在索杆体系桥梁及其各构件传播和相互作用的过程，建立索杆体系桥梁车辆冲击波传播理论模型,精细量化索(杆)锚固接头局部细节对车辆冲击波的响应和锚头疲劳损伤机理,揭示大跨索杆体系桥梁在界限车辆疲劳荷载波谱作用下的失效路径及失效模式,研究索杆体系桥梁在各可能失效模式下拉索锚头冲击波的传播规律,将公路索杆体系桥梁车-桥耦合振动控制的预警索力置于索杆体系中来识别,给出公路索杆体系桥梁基于波传播分析的车-桥耦合振动风险评估方法,为我国在役大跨公路索杆体系桥梁预警索力辨识提供理论参考依据及技术支撑。

全书共分6章。第1章介绍冲击波传播分析的国内外研究现状及索杆体系桥梁车-桥耦合振动研究发展动态。第2章建立车辆冲击波在索杆体系桥梁传播的二维分析模型,制定索杆体系桥梁各可能重要失效模式。第3章建立索(杆)锚固接头冲击波传播理论模型,定量研究索(杆)锚固端部在车辆冲击荷载作用下对索(杆)弹性约束影响。第4章基于动态有限元思想,通过讨论轴拉梁单元和动态轴拉梁单元选用的插值函数形式及其精度,在能量变分原理的基础上,建立复杂边界约束的拉索有限元模型。第5章量化研究吊杆锚固接头局部细节对冲击荷载的拉索动力冲击响应和锚头疲劳损伤机理,运用基于波传播分析的车-桥耦合振动方法,解析某系杆拱桥运营期间遭重载车过桥导致垮塌的工程事故案例。第6章为结论与展望。

本书来源于作者近些年来的工作成果,其部分内容已在国际和国内学术会议上宣讲,作者采用新颖的冲击波传播理论来讨论索杆体系桥梁的振动响应和预警索力,受到业界同行专家学者关注。实际上,从桥梁设计规范和桥梁检测角度看,以往关注的是结构整体或构件的低阶振动频率,比如对主梁一般是基频,对索(杆)一般是前3阶的频率。索杆体系桥梁索(杆)的索力测量,桥梁检测传感器的频响范围通常是 $0.1 \sim 100\text{Hz}$,然而,高于100Hz的振动频率由于不在传感器的频率识别范围而没有被检测到。对运营期间实际索杆体系桥梁的索(杆)振动测试,受行驶车辆冲击力作用,拾取索(杆)端部在锚固接头区域的振动信号,显示索(杆)的两锚固端经常处于高频振动状态。另外,桥梁专用商业计算软件,采用索(杆)两端与结构的锚固连接为刚臂,与索杆体系桥梁在随机动态荷载作用下索、杆的锚固边界情况不符。本书基于波传播分析的车-桥耦合振动方法,通过分析车辆移动冲击产生的冲击波在索杆体系中达到平稳状态之前的传播和相互作用过程,来探讨车辆动载交通作用下索杆体系桥梁的早期效应及局部效应,无论在索杆体系动力响应分析方面,还是在厘清拉索约束边界与车辆动载的约束耦合关系方面,都具有明显的优势。探索过程中还发现,由于冲击力(波)作用时间短,拉索振动平台的试验数据离散性大,希望通过本书的出版,寻找发展新的试验研究技术,对索杆在冲击瞬间的受力和变形开展基于机器视觉数据分析,提升基于波传播分析方法的结果精度。

本书在撰写过程中,力求理论性与实用性相结合,注重从工程结构受力和构造特征来研讨所分析的问题,有利于读者加深理解,并更好地掌握运用。

由于作者水平有限,加之时间仓促,书中难免疏漏与不妥之处,请读者批评指正。

黄娟于广州天河公园

2023 年 1 月

目　　录

Contents

第 1 章

绪 论

1.1　索杆体系桥梁车-桥耦合振动分析的必要性

大型桥梁是国家交通基础设施的关键节点和重大工程,拉索作为效率高的高应力柔性构件,在现代大跨径桥梁应用广泛,中国桥梁已经走出了一条自主的成功之路[1]。随着中国城镇化快速推进[2],苏通长江公路大桥、南沙大桥、平南三桥、南京长江五桥、肇云大桥、港珠澳大桥青州航道桥等一批大型拉索桥梁建成通车,中国桥梁建设取得了举世瞩目的成就,中国正在向世界桥梁强国迈进。以智慧交通建设推进交通治理现代化,大型桥梁结构的智能建造、智能运维已列入国务院政府工作报告。基于性能的理念,发展以高安全性能、高使用性能、高施工性能、高环保性能、高维护性能、高耐久性能等为特征的高性能结构工程是我国未来结构工程发展的核心战略[3-4],人工智能是实现桥梁智能建造数字化、智能化的基石,在未来将向"强人工智能""超人工智能"方向发展[5],桥梁工程未来必然朝着长寿命、特大跨、超深水、多灾害、全信息和可持续方向发展[6]。

(1)索、杆为大跨径索杆体系桥梁的重要传力构件,而其在车辆荷载作用的索动力响应是大跨公路桥梁管养期间亟待解决的难题。

索杆体系桥梁用间距 10m 左右的吊杆或斜索把一座大跨度桥梁分成许多个小跨弹性支承连续梁,如斜拉桥、悬索桥、系杆拱桥,增强了桥梁的跨越能力[7]。斜拉桥的斜拉索、悬索桥的吊杆(索)、系杆拱桥的吊杆(索)等,是大跨索杆体系桥梁的重要传力构件和生命线,索力直接控制整个桥面系的内力分布和线形,任何一根拉索的索力变化都会影响整体结构的安全性及稳定性。受建成年代、设计理念、施工工艺水平、服役环境、荷载水平、构造细节、管养评估水平等多因素关联,索杆体系桥梁难免产生不同程度的损伤,索、杆在运营期间的索力较成桥之初也会产生变迁[8-9]。

(2)索、杆直接受外界环境条件的影响,拉索状态是影响索杆体系桥梁安全的关键因素。

索、杆布置在索杆体系桥梁外部,服役期间受外界气候、环境及车辆荷载作用,容易锈蚀,且处于高应力状态,对锈蚀具有敏感性,一经锈蚀,其疲劳抗力将大大降低,已不能按照规范值或原来试验的疲劳极限对拉索进行分析[10-13]。尽管索杆体系桥梁是超静定结构体系,设计时已经考虑到体系能经受某单根拉索的突然破坏,然而,如果破坏是由于锈蚀、疲劳引起的,内力重分布可能引起更多拉索破坏,剩余拉索结构的整体性也将遭到损害,结构体系有可能渐次崩溃。例如,海印桥(1995 年)、黄河公路大桥(1995 年)服役期间都曾因拉索的失效而引发事故。另外,索杆体系桥梁运营期间遇超载超限车辆过桥,因吊杆状态识别不周而引起全桥或部分节段破坏的案例时有发生(图 1-1 ~ 图 1-5)。值得注意的是,这些运营期间发生工程事故的桥梁,其索、杆寿命均在 20 年左右,远小于桥梁 100 年的设计寿命。

图 1-1　南方澳跨海大桥垮塌前瞬时图

图1-2 宜宾小南门桥吊索断裂

图1-3 攀枝花金沙江大桥吊杆断裂桥面塌陷

图1-4 武夷山公馆大桥吊索断裂

图1-5 新疆孔雀河大桥吊杆断裂

（3）索、杆自身阻尼低，极易在风、雨及交通荷载作用下发生振动，索力识别是在役索杆体系桥梁管养和诊治工作的重点。

索、杆作为效率高的高应力柔性构件，在现代大跨桥梁的应用，赋予了大跨索杆体系桥梁结构体系的跨越能力、抗震性能和景观造型等的完美结合，而因其自身阻尼低，在风、雨及车辆荷载作用下极易发生振动，过大振幅的拉索振动不仅给行人带来心理恐慌，还影响桥梁的安全使用，为了有效减小拉索的振动问题，目前新建的悬索桥和斜拉桥大都安装了各种类型的减振架或阻尼器（图1-6），这就使得这些拉索索力识别变得复杂，按传统过于简化的分析模型，将无法准确识别其索力。而对于旧桥，建造时可能没有安装减振架或阻尼器，但运营期间拉索振幅过大，维修养护时可能对其新增安装减振架或阻尼器[14]（图1-7），这就使得维修后拉索边界条件较成桥之初发生了改变。随着系斜拉桥、系杆拱桥、悬索桥跨径纪录的不断刷新，大跨桥梁结构整体趋于轻柔，拉索越来越长，通过安装各种减振装置对拉索的振动进行控制越来越常见。而运营期间的索力识别已成为索杆体系桥梁管养及诊治的前期工作，具有广阔的工程应用前景。

图 1-6　珠江黄埔大桥吊索上的减振架

图 1-7　洞庭湖大桥斜拉索上的磁流变阻尼器

当前对索、杆锚头所处复杂几何及力学边界的动应力传递途径和疲劳损伤机理的研究还很少，面临长大跨公路索杆体系桥梁向轻量化、高速度、大运载量、舒适、安全等的发展趋势，大跨索杆体系桥梁经长期服役，受气候、环境等外界环境及车辆荷载影响，易累积锈蚀和疲劳损伤[15]。实际上，行驶车辆由桥面不平整或发动机抖动等因素引起的扰动由近及远传播而形成冲击波，冲击振动引起的桥梁结构瞬时应力与变形（或挠度）效应一般比等值的静载作用引起的效应稍大，车辆动载交通带来的桥梁结构振动早期效应和局部效应，即车辆移动冲击产生的冲击波在索杆体系桥梁中达到平稳状态之前的传播过程往往被忽略。虽然公路桥梁正常服役期间由行驶车辆引起的冲击波属弹性波范畴，而其作用具有随机性、反复性、经常性，这种随机扰动可引起乘员的不适，导致结构构件疲劳问题显著[16-18]，尤其是拉索锚固接头刚度存在突变区域易累积锈蚀和疲劳损伤[3,19-20]。因拉索是柔性构件，也是大跨索杆体系桥梁结构体系的高效传力构件，其两锚固端往往受到刚度较大构件（如主梁、拱肋、主塔、悬索）的约束。如何模拟车辆振动冲击作用下，拉索锚固接头与车辆荷载的约束耦合关系，摸清大跨索杆体系桥梁车-桥耦合振动的拉索锚固区接头对车辆冲击波传播规律，尤为重要。

1.2　冲击波传播分析的国内外研究及应用现状

在连续介质的运动中冲击波（或称激波）的产生与传播是一个普遍的物理现象[21]，广泛应用于航空航天、军事武器、采矿、隧道与桥梁基础工程施工等领域。

土木工程对冲击波的研究多集中在地震、爆炸和强冲击荷载作用下结构物的动态响应及其控制，以及其对材料在高(多)应变率下的动态力学性能分析方面。

冲击波不仅影响直接作用的结构物，而且还会与周边结构物相互作用，引起震源附近数公里范围内工程结构物的损伤破坏[22]，甚至连续倒塌。国内外专家学者对结构中冲击波方面的研究，还包括杆件(直杆[23-25]和曲杆[26])、单梁(直梁[27-29]和曲梁[30])、张紧弦[31]以及网壳结构受冲击荷载的响应[32]，并对网壳结构冲击失效规律[33-34]以及对球面网壳在冲击荷载下的失效模式和判别方法进行了研究[35]。王礼立通过讨论爆炸和冲击动力学学习及研究中塑性铰分析与波传播分析的内在联系，为激波(冲击波)在连续介质不同介质界面的分析提供了思路[36]。

桥梁工程中，通过引入冲击系数来计入车辆交通带来的冲击波影响[37-39]，大跨索杆体系桥梁结构体系受车辆冲击波的反复作用，会引发结构体系疲劳问题，尤其是在结构体系的结构构件间刚度突变大的索、杆锚固接头区域和车轮冲击波直接作用的主梁(桥面板)。尽管专家学者对认识桥梁车致振动的研究[40-44]，以及受车辆冲击波直接作用的主梁(桥面板)疲劳开裂机理和防治已经开展了大量卓有成效的研究[16,17,45-48]，当前对大跨索杆体系桥梁各类减振装置的减振机制的研究也极为活跃[49-55]，但在如何模拟受车辆冲击荷载作用下结构对索、杆的约束情况，以及大跨索杆体系桥梁中拉索锚固区接头对车辆冲击波的传播规律及疲劳产生机理方面的研究基本是空白。另外，当前的疲劳性能和评估方法研究通常不考虑结构体系的多疲劳开裂模式特性，因此，无法确定结构体系的主导疲劳开裂模式和结构体系的实际疲劳抗力。桥梁的车-桥耦合振动研究主要集中在轨道交通领域[56-57]，明显滞后于大跨公路索杆体系桥梁的工程实践。

由于索、杆是大跨公路索杆体系桥梁车-桥耦合振动的传力构件，行驶车辆遇桥面不平整或发动机抖动等扰动引起的冲击波由索杆体系桥梁共同分摊，因而，结合大跨公路索杆体系桥梁的实际构造情况，探讨车辆行驶中受上述小随机扰动波在索杆体系桥梁的各构件传播和相互作用，揭示大跨索杆体系桥梁在小随机扰动下可能发生的失效模式，研究拉索锚固区接头对车辆冲击波的传力行为机理，提高索内力识别精度，是当前大跨和特大跨公路桥梁长时效安全管养亟须解决的科学问题。

1.3　既有桥梁评估、管养发展的历程

自 20 世纪 50—60 年代起,既有桥梁结构检测、评估、加固得到了极大的发展。在此领域领先的国家,如美国、日本,从观念上已经突破了单纯的桥梁维护技术的狭隘束缚,开始从国家统一规划、实施的角度来管理服役期的桥梁,各种各样高新技术相继被及时应用于桥梁检测工程实践中。

1.3.1　美国的桥梁管养历程

美国在桥梁检测、评估、加固领域起步早,处于领先地位。美国联邦政府及各州都已建立了相应地区的桥梁监测系统,有其一定的划分原则、评判标准以及相应的统计方法,由此得出的桥梁生命周期性能评估模型是桥梁管理系统的基础之一。该模型的建立是基于自 20 世纪 70 年代末期开始的美国联邦道桥委员会所要求的对桥梁的监测、评估等大量调查工作的结果。其核心的桥梁检测系统及分类方法经近 40 年的应用,已经证明是可以依靠的有效的桥梁管理手段。专家的共识是,桥梁全寿命周期成本评估所需的最主要变量是桥梁的退化率,其显然是下列因素(不仅限于此)的函数:a-桥梁结构种类及设计、b-施工质量、c-当地气候、d-交通流量、f-维护情况。由于在结构的整个寿命期内,上列因素 c~f 可能变化且不尽相同,于是,能否建立一个相应于桥梁使用寿命的退化率是有所疑问的。然而,在一定条件下,有关既有桥梁状况的数据可能提供并转化为桥梁退化率的模型,这主要是因为美国联邦政府规定的 2 年 1 次的及其中间的临时性桥梁检测已经连续提供了近 40 年的桥梁状态的跟踪评估数据。

1.3.2　日本的桥梁管养历程

在桥梁管理方面,日本虽然不及美国,但有自己的特色和适用性。日本桥梁即使遭受数次大地震,众多旧桥、老桥仍在交通量剧增的当今服役。之所以如此,首要一点就是对设计、施工过程进行彻底的指导,以及随车辆的大型化和增加趋势来调整设计的标准。除此之外,桥梁管理系统也起到了不可忽视的作用。桥梁管理系统对服役桥梁按其所在的位置进行管理,国道上的桥梁归建设省管理,高速公路上的归日本道路公团管理,其余归各都、道、府、县和市、村、町管理。

其中建设省对于其直接管理的桥梁,每天都派出检测车巡回检测桥梁的路面状况和安全程度,建设省国道二科职员每年一次直接到现场进行安全检查。日本道路公团和各地方政府也是按照这种方法对桥梁进行管理。日本桥梁技术专家认为在桥梁技术上必须注意的是,由于道路和桥梁在 10～15 年期间会出现急剧老化现象,无论有关当局预算和人力有什么问题,都必须进行检查和维修。

在桥梁技术方面日本绝不逊色于美国。日本高速公路和城市立交都是高架桥梁,跨海湾的桥梁都是特大型桥,桥型多种多样。日本的桥梁施工技术和使用要求都很高,钢材质量好,钢桥采用锌喷涂方法,防锈技术已达到 20 年不脱落。日本很重视桥梁耐久性和延缓老朽化的研究,分门别类地研究了钢结合梁的涂料、混凝土桥面板的防水、伸缩缝的设置、防护栏杆的构造、支座形式的选取等各个方面。日本针对城市、山区、沿海等地区采取不同的对策,以延长桥梁的使用寿命。

1.3.3　我国的桥梁管养历程

我国的桥梁管养起步较晚,在"六五"期间,我国对公路旧桥的检测、评价和加固方法进行了广泛的探讨,并取得了良好的社会效益和经济效益。"七五"期间,原交通部适时地将"旧桥检测、评价、加固技术的应用"列为 1989—1990 年科技进步"通达计划"项目,原交通部科学技术情报研究所负责组织推广,此举有效地推动了公路旧桥管养技术研究。但遗憾的是有关旧桥评估和维护研究工作中,只注重旧桥的修补工作,没有认真对病害产生的机理进行研究,在出现病害的部位局部补强,加固部位的缺陷确实得到了修复,而未加固部位却出现了新的病害,且新生病害有继续发展的趋势,这使得病害桥梁结构维修后达不到预期的效果。此后,我国开始逐步重视病害机理分析研究,以弥补缺乏各种环境下构件损伤和老化过程的数据,按各种桥型出现的典型病害,分类研究各类桥梁工作机制及其病害机理[58-72],另辟了一条基于桥梁病害机理分析基础上的评定和管理既有桥梁的新途径。尤其是党的十八大以来,中国交通行业的发展取得了历史性成就,发生了历史性变革,进入基础设施发展、服务水平提高和转型发展的黄金时期。重视服役环境下开展高性能材料和高新技术的自主研发,不断改进分析理论和软件使之更精细化,科技创新能力显著增强,利用最先进的机电一体化技术发展大型施工设备,使更大的预制上下部构件都能迅速、准确就位。人工智能为土木工程学科的发展带来新机遇,人工智能技术深度融合土木工程基础设施规划、设计、建造和管养维护的全寿命周期,深刻变革土木工程科学、技术与工程的发展。如今,我国的特殊地质公路建设技术攻克世界级难题,超大型桥隧建造技术领先全球,世界主跨径前十位的斜拉桥、悬索桥、跨海大桥,中国分别有7座、6座、6座,世界最高的10座大桥中有8座在中国。

在对桥梁病害机理分析文献查找的过程中发现,国外对既有桥梁病害机理分析研究比较少,能找到的文献大部分是国内的研究成果。究其原因:一是国外许多国家从桥梁建造开始就注重跟踪收集桥梁建造及运营状况的各种数据,借此足以实现服役桥梁在整个生命周期内的性能评估,因而没有注重这方面的研究;二是国内对桥梁结构的使用、检查及维修还没有形成统一的制度准则,因此缺少各种环境下构件损伤和老化过程的数据,这制约着既有桥梁耐久性分析和剩余安全度的评定,但发现病害机理分析研究可为旧桥提供强有力的依据,从而可从本质上更好地认识和诊治桥梁病害,所以,国内基于病害机理分析及处治方法的研究逐渐受到重视。国外也开始注意到病害机理研究的重要性和前景,并开始着手这方面的研究工作[73-80]。

由上述分析可知,既有桥梁管养领域在世界范围内至今还没有形成统一的认识,各国对既有服役桥梁管理的方法各异。这方面工作处于领先的国家,从桥梁建造开始就注重跟踪收集桥梁建造及营运状况的各种数据用以实现对服役桥梁在整个寿命周期内的各项评估,其研究工作侧重于桥梁加固补强的新材料和新施工工艺方面。我国经过众多专家学者的努力,克服了国内既有桥梁评估缺乏所需跟踪数据的困难,另辟了一条基于桥梁病害机理分析的评定和管理既有桥梁的韧性发展之路,有望更精确、更科学地对服役桥梁实施寿命周期性能评估分类管理。

1.4 工程结构整体失效风险国内外研究现状

失效是服役结构普遍存在的一种风险,就单项桥梁结构而论,在整个寿命周期内是随时间变化的时变结构。结构失效风险分析必须考虑结构"寿命周期"[81]的至少三个阶段。其中,建造阶段的风险多来自设计、施工的失误和疏忽;正常使用阶段的风险主要来自非正常的外界活动,特别是自然和人为灾害;老化阶段的风险则主要来自各种损伤的积累和正常抗力的丧失。因而,分析既有桥梁结构的损伤、评估既有桥梁结构都应该从建造阶段分析开始。对索杆体系桥梁而言,不同的施工方法和成桥方式,桥梁初始内力和初始索力值都会有差异。既有桥梁结构正常使用阶段的分析模型应采用带损伤的模型,老化阶段的分析则应考虑损伤的积累和结构抗力的衰减。故此,服役桥梁的力学行为、失效风险分析,应对其病害产生机理进行全面、细致的研究,找出各种因素与既有桥梁相关病害的一些定量关系,建立合理的分析模型,这在桥梁管养期间是非常必要的。

大跨桥梁结构通常都是多次超静定结构,存在着多种可能失效模式,如何有效地识别其中的主要失效模式已成为结构体系风险分析中的核心问题。近 30 年来,世界各国相继开展了这方面的研究,并且提出了一系列识别结构主要失效模式的算法,例如神经网络法、层次分析法、模糊综合评判法、荷载增量法、分支—约界法、β 约界法、截止枚举法、优化准则法及其他改进算法。这些算法都需要将失效元件的抗力作为外荷载进行多次变结构重组分析,并且不断地通过判别结构刚度矩阵 K 的行列式 $\parallel K \parallel = 0$ 来识别结构的主要失效模式,因此限制了上述算法在桥梁结构风险性分析中的应用。既有桥梁结构积累了多种伤害,在服役期间作为一个整体系统要经历很长的载荷历程,疲劳破坏是其主要结构失效形式,疲劳破坏也可转化为首次穿越损坏问题来处理[18]。

对大型服役结构整体失效的研究,从纽约世界贸易中心受飞机撞击后倒塌的力学分析和仿真得出,世界贸易中心倒塌的直接原因是火灾导致的钢材软化和楼板塌落冲击荷载引起的连锁反应[82]。为解释工程中各类风险事件间存在的关联机理,将风险事件间的关联关系提炼为链式结构,给出了工程链式风险评估的整套流程和方法[83]。研究表明:链式风险评估方法计算量较大,评估步骤较为繁杂,当风险事件数量较大时其可操作性较差,当对某几项风险极为关注时,对其进行小范围的链式风险分析可使评估结果更加真实全面,工程链式风险评估方法具有可行性和适用性。由于特大跨桥梁受力机理和服役环境复杂,现有的特大跨桥梁安全性设计与评定缺乏科学性[84]。服役期间桥梁的失效涉及许多不确定因素,因此有必要运用可靠性风险分析理论对结构主要失效疲劳形式进行分析,这在工程应用中有着极其重要的意义。F. Moses、Y. Murotsu、R. E. Melchers、冯元生等专家学者的一系列静载结构可靠性研究工作,到目前为止已逐步趋于成熟,并在航空航天、建筑、船舶及海洋工程等方面得到了广泛的应用。而对结构疲劳可靠性风险研究仅仅是近 40 年的事,由于疲劳破坏机理较为复杂,虽然人们对疲劳破坏的定性性质已有一定的了解,但至今仍不可能根据基本的物理定律进行疲劳分析,只能在大量试验数据基础上应用累积损伤假设或断裂力学中的经验公式对疲劳可靠性作出估计。由于现代工程结构大多为高次超静定结构,个别元件(构件)的失效并不一定会导致结构整体的破坏,而且在疲劳载荷作用下,对应于结构体系失效历程的任意一个阶段,体系内的任何一个元件(构件)都会累积一定程度的损伤,且其损伤不仅取决于疲劳载荷的类型、大小、分布和分散程度,而且还与前序失效元件(构件)的情况有关,从而使得结构体系的疲劳可靠性分析面临一系列困难。从国内外已发表的文献可以看出,对于疲劳载荷作用下的疲劳可靠性,已有的研究工作主要集中在元件(构件)级水平上,研究单一危险部位(如构件与构件的接点或接头)的疲劳可靠性是关注的重点。对大型工程失效事故原因的报道,多归因于结构体系在构件接点或接头出现疲劳或损伤问题。李杰系统回顾了工程结构可靠性近百年的研究历程,剖析了自20世纪60年代中期以来工程结构整体可靠性研究的基本思想与方法[85]。在此基础上,论述工程结构整体可靠性分析的物理综合法。这一方法,综合了结构受力力学行为的物理力学机制、从材料损伤到结构破坏的物理失效准则、随机性在物理系统中的传播规律,基本完整地建立了工程结构可靠性分析新的理论体系。王亚伟等研究了大跨桥梁在风、车及地震联合作用下的动力响应,利用大质量法模拟桥梁受到的地震作用,建立了地震-风-车-桥耦合振动分析的数值模拟平台,通过质量—弹簧—阻尼系统模拟车辆模型,利用有限元方法建立桥梁模型,采用谱表示法模拟路面粗糙度、风场和地振动,通过分离迭代方法求解地震-风-车-桥耦合振动系统的动力响应;并以苏通长江公路大桥为例,基于建立的地震-风-车-桥耦合振动分析平台,计算分析了日常风荷载与地震联合作用下桥梁和车辆的动力响应。结果表明,处于日常运营阶段的大跨桥梁结构(仅承受风和车辆荷载)受到突发地震时,桥梁和桥上行驶车辆的动力响应将急剧增加,地振动对车-桥系统动力响应起控制作用;与地震-车-桥系统中的桥梁响应相比,考虑风荷载会增加主梁跨中的横向振动,但对主梁跨中的竖向振动会有抑制作用。虽然地振动是车-桥耦合振动的控制荷载,但是日常风荷载对大跨桥梁车桥振动的影响不可忽略。

由上述分析可知,国内外对工程结构整体可靠性失效风险的研究尚未形成一套完整的体系,但达成的共识是,在整体失效风险模型中应计入结构体系、服役环境、设计理念、施工工艺水平、每一元件(构件)的材料损伤、荷载水平和构造细节等多因素耦联,并需结合具体工程应用。《中国公路学报》编辑部系统梳理了近些年来国内外桥梁工程领域(包括结构设计、建造技术、运维保障、防灾减灾等)的学术研究现状、热点前沿、存在的问题、具体对策及发展前景,同时对桥梁工程领域各方向面临的关键问题、主要挑战及未来发展趋势进行了展望,提供了桥梁工程学科的学术研究和工程实践新的视角和基础资料[87]。

1.5 索杆体系桥梁车-桥耦合振动研究发展动态

结构内力状态与其振动特性在数学上存在一定的对应关系,结构动力特性能在一定程度上反映出结构受力状况[88-89]。对人跨公路索杆体系桥梁车-桥耦合振动的安全可靠性和索动力辨识,依赖于与索两端相连构件的结构动刚度匹配,且结构动刚度具有随桥梁服役年限延长而衰减的特性。从结构系统安全判断准则来说,索动力辨识问题实际上可归结为索杆体系桥梁动力反应首次超过抗力值[90]。大跨公路索杆体系桥梁车-桥耦合随机振动系统的安全可靠性,会以复杂的形式依赖于动态系统特性、激励的性质及大小、安全区的构造及系统的初始状态。要估计可靠的索动力,必须先厘清动态系统的损坏模式[18]。

随着数字化、智能化时代的到来,桥梁健康监测大数据的海量数据挖掘成为可能,国际上兴起利用无线传感网自动分析三维激光雷达和各类影像遥感数据(图 1-8 ~ 图 1-12)。三维激光雷达和各类图像遥感数据通过一系列参数的变化分析、模式识别、空间相关性算法可以从图像中自动检测结构物缺陷及其发展趋势,自动分析大型土木工程结构的状态变化并进行倒塌风险的研究[91-92],而无需耗时费力地手动数据处理。这些研究成果及其方法可快速可靠地从影像和遥感数据中检测拉索桥梁结构体系状态变化和病害发展情况[93-97],但大数据研究应以结构状态评估为落脚点[98-100]。大跨索杆体系桥梁健康监测随机响应数据的主要用途是判定正在服役的拉索桥梁系统是否正常运行或是安全,许多情况下,常根据响应的均方根凭经验来判断振动的严重性,然而,更合理的做法是,根据随机系统一定的破坏模型,导出系统的可靠性的概率度量[18]。研究大跨索杆体系桥梁车-桥耦合随机振动的最终目的,正是为了改善大跨索杆体系桥梁结构系统的可靠性,保证和提升交通出行过程的安全及效率。

图 1-8　机载三维激光雷达扫描仪

图 1-9　FARO 三维激光云点扫描仪

图 1-10　车载三维激光雷达扫描仪

图 1-11　全景 3D 摄影仪

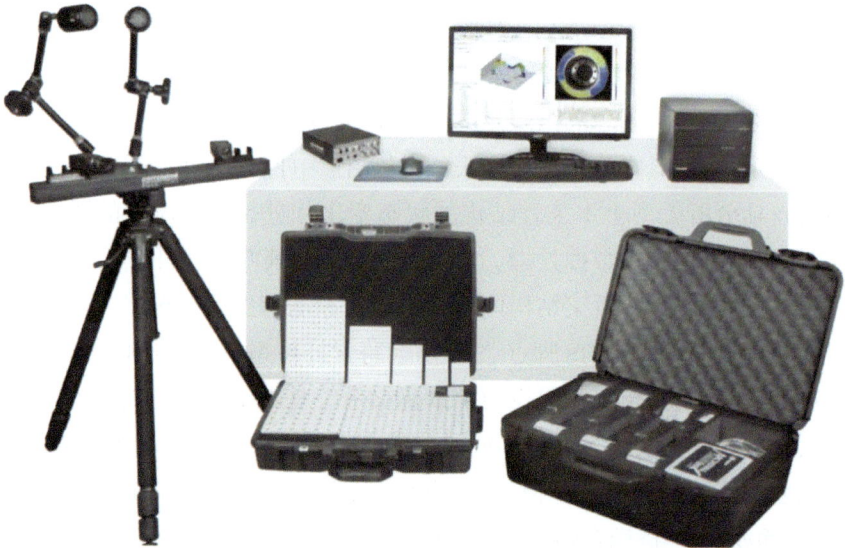

图 1-12　研索仪 VIC-3D& 疲劳全场应变测量系统

1.6　本书的主要内容

如前所述,索、杆是柔性构件,也是大跨径斜拉桥、系杆拱桥、悬索桥等索杆结构体系桥梁的高效传力构件,其两锚固端往往受到刚度较大构件的约束,大跨索杆体系桥梁随服役年限延长实际承载性能不断衰减,索力出现变迁,加之当前公路桥梁高速、重载的发展趋势,给在役大跨索杆体系桥梁的索力识别水平提出了更高的要求。

本书主要分析斜拉桥、系杆拱桥、悬索桥结构体系由行驶车辆引起的随机小扰动波在索杆结构体系桥梁的传播、反射和相互作用过程,讨论随机小扰动波在索杆体系桥梁各主要传递途径所需的时间及传递时差,研究索杆结构体系桥梁中与索两端相连构件在不同传递途径下各构件动刚度匹配问题,得到大跨索杆体系桥梁各可能重要失效模式及其冲击波影响范围。结合三维激光雷达和影像遥感数据,建立在役大跨索杆体系桥梁在随机车流疲劳波谱作用下的 3D 空间整体有限元仿真振动模型,研究索杆体系桥梁在各可能失效模式下索、杆锚固接头冲击波的传播规律和疲劳损伤机理,对大跨公路索杆体系桥梁车-桥耦合振动的结构体系安全可靠性和索动力辨识,为大跨索杆体系桥梁提供车路协同安全预警服务,尚无报道。本书主要内容主要包括以下几个方面。

(1)建立车辆移动荷载冲击引起的随机小扰动表面波在索杆体系桥梁传播的二维分析模型。依次分析斜拉桥、系杆拱桥、悬索桥等索杆体系桥梁,当桥面主梁受车辆竖向冲击荷载产生的入射脉冲作用时,冲击波传递至基础的主要传递途径,并总结出车辆过桥传递冲击荷载(入射脉冲)的两种工况。工况 1,对靠近墩台的入射脉冲,由主梁传递至墩台。工况 2,远离墩台的冲击荷载,在主梁中产生的入射脉冲主要通过两种传递途径传播至基础:一种是通过主梁直接传递至基础;另一种是通过与主梁相连的索、杆传递,将冲击波由拉索一端往上传递到拉索另一端,再由与拉索另一端相连的结构(主塔、悬索或拱肋)传递至基础(锚碇)。

(2)讨论车辆沿桥梁(道路)纵向行驶,遇路面不平整或发动机抖动引起的随机小扰动波在桥面传递过程,以及随机小扰动波在传播过程中遇刚度差异大的不同介质界面(如拉索锚固接头区域)的传播行为,解释车辆动载冲击波在传播过程中质点运动滞后现象,给出索杆体系桥梁基于波传播的车-桥耦合振动方法分析过程。研究车辆随机小扰动波在工况 2 下大跨斜拉桥各主要传播途径所需时间及传递时差,得到大跨斜拉桥各可能重要失效模式及其冲击波影响范围;研究车辆随机小扰动波在工况 2 下大跨系杆拱桥各主要传播途径所需时间及传递时差,得到大跨系杆拱桥各可能重要失效模式及其冲击波影响范围;研究车辆随机小扰动波在工况 2 下大跨悬索桥各主要传播途径所需时间及传递时差,得到大跨悬索桥各可能重要失效模式及其冲击波影响范围。

(3)基于波传播分析的车-桥耦合振动方法,分类研究拉索锚固接头对动载的传力机理。依据车辆随机小扰动波在索杆体系桥梁各构件传递的先后次序和索(杆)锚固接头构造特点,利用达朗贝尔原理,建立索、杆锚固接头冲击波传播理论模型和二维波动控制方程,研究车辆冲击波在索、杆锚固区接头处的传播行为,给出拉索锚固接头处冲击波分配微分控制方程,考虑锚固接头处位移协调性,将入射波、反射波及透射波的波形方程代入控制方程求解,得到入射波通过锚固接头的影响矩阵,编制波传播理论的索(杆)锚固接头动力响应程序,定量研究拉索端部结构在车辆冲击荷载作用下对索的弹性约束影响,精细化分析大跨公路索杆体系桥梁索(杆)锚固接头与车辆荷载的约束耦合关系。

(4)分别选取轴拉梁单元和动态轴拉梁单元来模拟拉索的受力特性,推导各自的形函数、单元刚度矩阵和单元一致质量矩阵。通过讨论轴拉梁单元和动态轴拉梁单元选用的插值函数形式及其精度,动态轴拉梁单元能较为真实地模拟拉索的振动特性,在能量变分原理的基础上,建立了一种精细化分析拉索结构的动态有限元力学分析模型。带初始内力拉索动态有限单元的优势是,可以充分考虑拉索结构的细部构造,包括减振器(架)的减振刚度、拉索近梁端防护套筒、附加质量块、锚头端部的边界条件及多支点弹性(黏弹性)支撑边界等,丰富了索动力计算模式。

(5)为摸清索、杆锚固接头对车辆荷载的冲击响应及锚头疲劳损伤机理,基于波传播理论分析方法,搭建拉索振动试验平台,制作 4 组吊杆冲击波模型试验,研究单根吊杆在冲击荷载作用下拉索动力冲击响应及疲劳损伤机理。利用重物小球冲击试验的数值模拟值与索-拱锚固接头动力响应程序得到的理论结果,对比分析了索-拱锚头的吊杆倾角和拱肋刚度变化对索动力响应的影响。研究表明,拱肋刚度对索-拱锚头的索动力响应起控制性作用;而当拱肋刚度一定时,斜吊杆比竖直吊杆在索-拱锚头处动力响应大,斜吊杆更易出现疲劳问题。

(6)制定索杆结构体系桥梁基于波传播分析的车-桥耦合振动系统所控制的吊杆预警索力识别实施方案。结合三维激光雷达和影像遥感等人工智能技术,通过深度神经网络学习索杆体系桥梁典型病害损伤,在分析模型中引入考虑构件损伤的状态参量。建立运营大跨索杆体系桥梁基于波传播分析的车-桥耦合振动仿真分析 3D 空间整体有限元仿真振动模型,应用可靠性理论,通过考虑索杆体系桥梁结构体系的各构件重要性权重及结构局部与整体相关屈曲,判定桥梁在界限车辆疲劳荷载波谱作用下的失效路径及失效模式,研究索杆体系桥梁在各可能失效模式下拉索锚头冲击波的传播规律,将公路索杆体系桥梁车-桥耦合振动控制的预警索力置于索杆结构体系中识别。给出大跨索杆体系桥梁在各可能失效模式下的风险值,以及导致桥梁各重要构件损伤时变因素对桥梁性能退化的贡献率,综合评定大跨索杆体系桥梁服役期间的承载力,精准识别拉索在各可能重要失效模式下的预警索力。以某系杆拱桥运营期间遭重载车过桥垮塌事故为工程实例,基于桥梁工程结构整体可靠性基本思想,考虑吊杆实际锈蚀等运营状况,运用基于波传播分析的车-桥耦合振动方法,给出了大桥遇重载车过桥时各吊杆可能的失效次序。结合索-拱锚头冲击模型结果,反演大桥长吊索在拱顶附近受车辆荷载作用的冲击响应,揭示长吊索疲劳失效,结构体系渐次崩溃的原因。

(7)基于智慧交通车路协同理念,利用三维激光雷达数据处理大跨公路桥梁在收费站的车辆称重以及自动图像模式识别技术,基于波传播分析的车-桥耦合振动方法精准辨识预警索力。实现大跨公路索杆体系桥梁的车路协同安全预警,丰富智慧交通出行信息服务平台,让出行人员能够享受到智慧交通带来的安全、高效、愉悦的美好出行体验。

第 2 章

大跨公路索杆体系桥梁基于波传播分析的车-桥耦合振动

2.1 概　　述

　　行驶车辆遇桥面不平整或发动机抖动等因素引起的扰动由近及远传播出去而形成冲击波。开始时,车辆移动冲击产生的扰动,仅在与车轮轮胎接触受到扰动的桥面介质质点离开初始平衡位置,这就使得其与相邻介质质点之间发生了相对运动(变形),会受到相邻介质质点给予的作用力(应力),但同时也给相邻介质质点以反作用力,因而使相邻介质质点也离开了初始平衡位置而运动起来。不过由于介质质点具有惯性,相邻介质质点的运动将滞后于与车辆冲击荷载源直接接触的桥面介质质点的运动。以此类推,车辆交通在桥面上引起的扰动就这样在结构介质中由近及远传播出去而形成冲击波。

　　车辆荷载引起的桥梁结构局部细节的瞬时冲击响应,即车辆荷载产生的冲击波在桥梁结构体系中达到静力平衡前的传播过程往往被忽略。桥梁设计规范采用冲击系数计入车辆荷载冲击力的影响,其冲击系数取值与桥梁的基频相关,即车辆荷载冲击作用下,桥梁结构整体参与受力,但对大跨索杆体系桥梁,受车辆荷载冲击作用,冲击波在桥梁结构体系中尚未达到平衡前,大跨桥梁结构的某些主要承重构件还未来得及参与整体受力,依规范得到的冲击

系数来考虑车辆荷载冲击力对服役期间长大跨桥梁结构影响欠妥。实际上,
车辆荷载(尤其是超载车辆)不仅使车轮冲击直接作用的桥面板出现疲劳损
伤[16,17,101-103],而且使索、杆锚固接头刚度存在突变区域成为疲劳易损部位[3]。
大跨桥梁中吊杆、拉索等局部构件的冲击响应是研究重点[104],而如何从桥梁
工程结构整体可靠性基本思想来模拟索杆体系桥梁结构体系的局部构件受车
辆荷载作用的冲击响应,摸清处于复杂边界约束的索、杆锚固接头对车辆荷载
的传力行为和拉索动力响应[3],是大跨公路索杆体系桥梁运营期间亟须解决
的关键科学问题。

　　车辆沿桥梁(道路)纵向行驶,遇路面不平整或发动机抖动,由行驶车轮施
加在路面上的车模型激励(随机扰动)可用波谱来描述[105-108]。经验表明,基于
道路纵向一维路面模型的汽车垂向激励(荷载波谱)预测是相当成功的[18]。依
据云控平台交通流动态信息、载运工具动态信息,分析现行公路桥梁车辆荷载和
典型车辆荷载模式及加载模式[37,110-111];基于英国桥梁规范(BS 5400)[112-113],采
用等效疲劳损伤原理,确定疲劳车辆荷载模式及加载模式;按文献[108]提供的
方法,构建公路桥梁当前运营荷载水平下基于桥梁纵向一维路面模型的汽车垂
向疲劳荷载波谱。实际上,当车辆荷载源行驶于大跨公路拉索桥梁的某位置瞬
间,总是伴随着车辆荷载波谱在拉索桥梁结构体系的一个冲击波传播和相互作
用过程,尤其应注意冲击波在传播过程中遇刚度差异大的不同介质界面(如拉
索锚固接头区域)传播行为。

　　本章建立车辆冲击随机小扰动表面波[18,114]在索杆体系桥梁传播理论的二
维分析模型。对于车辆冲击波直接作用的主梁,采用一维梁来模拟,桥塔也采用
一维梁模拟,拱肋用曲梁模拟。鉴于实际桥梁工程中,索杆体系桥梁结构体系不
同,有代表性地选取斜拉桥、系杆拱桥、悬索桥等大跨公路索杆体系桥梁,从车辆
荷载产生的冲击波在索杆体系桥梁结构体系主要传递途径的视角,研究索杆体
系桥梁受到随机小扰动波在其各构件介质中冲击波传播和相互作用,给出索杆
体系桥梁基于波传播的车-桥耦合振动方法分析过程。

2.2　薄壁箱梁空间计算的一维梁模型

　　对于车辆冲击波直接作用的主梁,采用一维梁来模拟。一般满足平截面假

定的单梁有 6 个自由度[109]，而大跨索杆体系桥梁的主梁多为空间结构，如 PC 薄壁箱梁、正交异性钢桥面板、流线型扁平钢箱梁等截面形式，但国内外众多专家学者研究表明，可采用多自由度（大于 6 个自由度）的一维梁来模拟大跨桥梁主梁的受力性能。实际上，国内规范给出箱梁的一维梁 7 自由度（翘曲自由度）计算模型[110]，电算软件中桥梁博士等软件也采用一维梁分析大型桥梁主梁结构受力，都有很不错的计算精度。

本节给出 PC 薄壁箱梁空间计算的一维梁模型。在曾庆元教授提出的箱形梁"板梁框架法"和在此基础上发展起来的"板梁段单元法"理论基础上，根据薄壁箱梁力学行为为梁特征的特点，将围成闭口截面箱梁段的每个板件视为一个板梁单元，即箱梁梁段子单元，给出各子单元的位移模式，再考虑箱梁截面位移参数与其板梁子单元位移参数的关系，由变分原理得到薄壁箱梁的单元平衡方程，并在分析中引入组合式加筋混凝土有限元模式，计入钢筋和混凝土对每个板梁子单元刚度的贡献，建立钢筋混凝土薄壁箱梁空间计算的组合式加筋混凝土板梁有限单元法，可分析钢筋混凝土（包括预应力混凝土）箱梁开裂后结构应力重分布及其综合效应。构造一种含 11 自由度的薄壁箱梁的一维梁模型来模拟大跨 PC 薄壁箱型主梁，综合考虑薄壁箱梁的纵向弯曲、横向挠曲、扭转、畸变及剪力滞等基本变形形态及它们之间的耦合作用。本节建立了钢筋混凝土薄壁箱梁空间计算的组合式加筋混凝土板梁有限元模式，能在同一单元中考虑钢筋和混凝土两种材料的性能，单元刚度矩阵中包括了混凝土和钢筋两种材料的贡献，并在单元应力分析中模拟因混凝土开裂引起的单元内钢筋与混凝土材料变形不协调产生的非线性效应。

如图 2-1a)所示钢筋混凝土薄壁箱梁结构，总体坐标系 xyz 中，z 轴为箱梁沿纵向的轴线方向，y 轴竖直向下，其任一截面如图 2-1b)所示，它是由顶板、底板、左腹板、右腹板围成，每个板件的局部坐标系为 szn。由于各板件组成的薄壁箱梁的力学行为主要是以梁的特征反映出来，这也说明组成箱梁的各板件是以梁的力学行为为特征的，因此可将箱梁的各板件视为板梁。有了板梁的概念，就可以将薄壁箱梁的分析建立在对板梁分析的基础上，使问题简化。

将箱梁沿纵向分成 m 个段，每段为一个箱梁段单元，一个长为 l 的箱梁段单元有两个端截面 i 和 j，如图 2-1a)所示。在 i 截面和 j 截面之间的箱梁段单元是由顶板子单元、底板子单元、左腹板子单元、右腹板子单元围成，在每个板梁子单元中,分别计入混凝土和钢筋两种材料对单元刚度矩阵的贡献,并假定两种材料在单元边界上变形协调,那么每段钢筋混凝土箱梁的刚度可通过各板梁子单元的混凝土和钢筋的刚度组集得到。

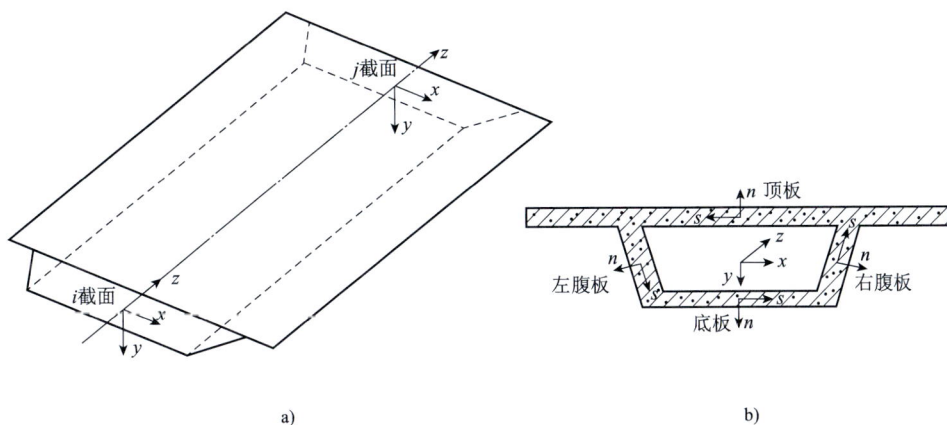

图 2-1　箱梁及其截面各板梁

2.2.1　薄壁箱梁混凝土板梁有限元模式

根据薄壁箱梁力学行为为梁特征的特点,将围成闭口截面箱梁的每个板件(顶板、底板、各腹板)视为一个板梁单元。利用板梁有限单元法,本节给出了预应力混凝土斜拉桥主箱梁混凝土材料的刚度矩阵。

1)基本假定

根据薄壁箱梁结构构造特点及梁单元的基本特征,首先引入以下基本假定:

(1)围成箱梁的各板梁之间连接为刚性,即箱梁截面在隅角部位的连接可视为固结;

(2)在截面内变形前为直线的板和它的悬出部分在变形后仍为不折的连续线;

(3)对于组成箱梁的每个板件在弯曲时,原来是平面的截面仍保持为平面,即围成箱梁的各板梁子单元符合平截面假定。

2)箱梁的整体位移模式

对于一般三维梁单元,在空间中有 6 个自由度,而对薄壁箱梁而言,用什么样的位移参数来描述其变形特征,方法很多,一般需要计算其剪切中心和畸变中心,而箱梁的剪切中心和畸变中心等截面特性参数的确定十分烦琐,不利于工程应用和大型结构的分析。本书在变分原理的基础上,综合考虑薄壁箱梁的纵向弯曲、横向挠曲、扭转、畸变及剪力滞后等基本变形形态及它们之间的耦合作用,提出一种含 11 个自由度的薄壁箱梁空间位移模式,并在板梁段单元法理论基础上,推导出组成箱梁各板梁子单元位移参数与箱梁截面整体位移参数之间关系的显式。本书建立的薄壁箱梁梁段单元自由度较少,且不需要计算箱梁剪切中心和畸变中心,适合大型多室箱梁结构的空间计算分析。

需要指出的两点是:其一,尽管在非线性问题中,许多力学量是不具有可叠加性,但在以位移作为基本未知量的分析中,位移作为几何量是可以叠加的,因为并不牵涉力,也不涉及本构关系;其二,有限元可看成里兹法的推广,位移函数可看成为一系列分位移的叠加,在满足总的几何边界条件下,由变分原理及能量法可得到答案。于是问题归结于寻求符合几何协调关系的位移函数,自然地,我们想到从相应弹性问题的位移解出发,这种位移解通过适当修正后就可作为非线性问题的待求位移函数。这是因为与非线性问题相对应的弹性解通常符合相同的几何边界约束条件。有限元方面专家指出,在以位移函数为未知量的有限元法中,只要选取的位移满足边界条件并且具有较好的协调性,由变分原理及能量法得到的结果一般都接近于真实解,而且离散越精细,精度通常会越高。因此,本书的数值分析可望收敛到正确的结果。

下面以单室梯形截面箱梁为例来给出其位移模式。如图 2-1a) 所示的单室箱梁,其截面位移参数为四个隅角点的纵向位移分量 w_{ul}、w_{uR}、w_{ll}、w_{lR},箱梁顶部和底部的横向位移 u_u、u_l 及左、右角上的竖向位移 v_l、v_R。为了考虑箱梁顶、底板的剪力滞后影响,在箱梁顶板增加轴向非均匀变形 $f_1 \sin\left(\left(x+\dfrac{b_u}{2}\right)\dfrac{\pi}{b_u}\right) + f_2 \sin\left(\left(3x+\dfrac{3b_u}{2}\right)\dfrac{\pi}{b_u}\right)$,在底板增加轴向非均匀变形 $f_3 \sin\left(\left(x+\dfrac{b_l}{2}\right)\dfrac{\pi}{b_l}\right)$。那么,考虑箱梁剪力滞影响,四个隅角点的纵向位移分别为:$w_{ul} + f_1 \sin\alpha_1 + f_2 \sin\alpha_2$、$w_{uR} + f_1 \sin\alpha_3 + f_2 \sin\alpha_4$、$w_{ll} + f_3 \sin\alpha_5$、$w_{lR} + f_3 \sin\alpha_6$。系数 α_1、α_2、α_3、α_4、α_5、α_6 可由箱梁截面尺寸,按式(2-1)确定。

$$\begin{cases} \alpha_1 = \dfrac{b_u - b}{2b_u}\pi & \alpha_2 = \dfrac{b_u + b}{2b_u}\pi \\[3mm] \alpha_3 = \dfrac{3(b_u - b)}{2b_u}\pi & \alpha_4 = \dfrac{3(b_u + b)}{2b_u}\pi \\[3mm] \alpha_5 = \dfrac{b_l - b}{2b_l}\pi & \alpha_6 = \dfrac{b_l + b}{2b_l}\pi \end{cases} \tag{2-1}$$

由上可知,对整个箱梁截面而言,具有特征的变位参数共有 11 个(u_u、u_l、v_l、v_R、w_{ul}、w_{uR}、w_{ll}、w_{lR}、f_1、f_2、f_3),它们相互独立。那么,对于图 2-1a) 中的单室箱梁,若将箱梁视为一个整体梁段单元考虑,就可用含 11 个自由度的截面位移参数来描述其变形特征。图 2-2 给出了单室箱梁的截面尺寸与整体位移模式。

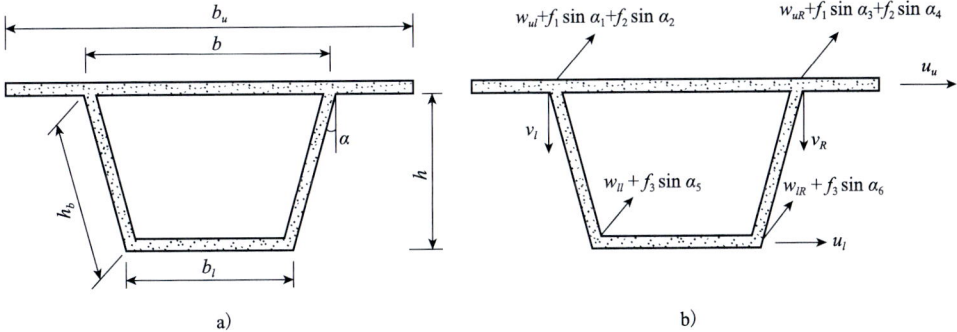

图 2-2　单室箱梁截面尺寸及位移模式

将描述箱梁截面整体位移模式的参数表示为矩阵形式,记为:

$$\{d\} = [\,u_u \quad u_l \quad v_l \quad v_R \quad w_{ul} \quad w_{uR} \quad w_{ll} \quad w_{lR} \quad f_1 \quad f_2 \quad f_3\,]^{\mathrm{T}} \tag{2-2}$$

3) 箱梁的板梁子单元分析

本节前述部分给出了箱梁的整体位移模式,对于箱梁 i 截面和 j 截面之间的箱梁梁段(图 2-1a)),若将其视为一个整体箱梁段单元考虑,用 11 个截面位移参数来描述箱梁的纵向弯曲、横向挠曲、扭转、畸变及剪力滞后,这给选择位移函数带来一定的困难。由于组成薄壁箱梁的各板件共同受力的结果,箱梁的应力主要是以梁的应力特征反映出来,这也说明组成箱梁的各板梁是以梁的力学行为为特征的,因此,可将薄壁箱梁的分析建立在对板梁子单元分析基础上,使问题得以简化。

对围成薄壁箱梁的各板梁子单元,依据其力学行为为梁特征的特点,各板梁子单元的横向位移和竖向位移采用沿纵向 z 的三次多项式来描述,设 $a(z) = a_0 + a_1 z + a_2 z^2 + a_3 z^3$,则相应的形函数为:

$$[N(z)] = [N_1(z) \quad N_2(z) \quad N_3(z) \quad N_4(z)]$$

$$= \left[1 - \frac{3z^2}{l^2} + \frac{2z^3}{l^3} \quad z - \frac{2z^2}{l} + \frac{z^3}{l^2} \quad \frac{3z^2}{l^2} - \frac{2z^3}{l^3} \quad -\frac{z^2}{l} + \frac{z^3}{l^2}\right] \quad (2\text{-}3)$$

而扭转位移、轴向均匀与非均匀位移采用沿纵向 z 的一次多项式来描述,设 $b(z) = b_0 + b_1 z$,则相应的形函数为:

$$[M(z)] = [M_1(z) \quad M_2(z)] = \left[1 - \frac{z}{l} \quad \frac{z}{l}\right] \quad (2\text{-}4)$$

(1)顶板子单元分析

①顶板子单元位移模式

建立板梁子单元局部坐标系 szn,沿板纵向(长度方向)取为 z 轴,沿板宽方向为 s 轴,厚度方向为 n 轴,板横截面质心为坐标原点。图 2-3 为顶板子单元局部坐标系及质心节点位移示意图。记 $\{\delta u_{uc}^*\}$、$\{\delta v_{uc}^*\}$、$\{\delta w_{uc}^*\}$、$\{\delta \varphi_u^*\}$ 为顶板板梁子单元在 i、j 截面质心处的横向变位、竖向变位、轴向均匀变位及扭转变位的节点位移参数,$\{\delta f_1^*\}$、$\{\delta f_2^*\}$ 为考虑箱梁顶板剪力滞后效应增加的非均匀变形的正弦波峰值。将顶板子单元质心处节点位移参数写成矩阵形式为:

$$\begin{cases} \{\delta u_{uc}^*\} = \begin{bmatrix} u_{uci} & u'_{uci} & u_{ucj} & u'_{ucj} \end{bmatrix}^T \\ \{\delta v_{uc}^*\} = \begin{bmatrix} v_{uci} & v'_{uci} & v_{ucj} & v'_{ucj} \end{bmatrix}^T \\ \{\delta w_{uc}^*\} = \begin{bmatrix} w_{uci} & w_{ucj} \end{bmatrix}^T \\ \{\delta f_1^*\} = \begin{bmatrix} f_{1i} & f_{1j} \end{bmatrix}^T \\ \delta f_2^* = \begin{bmatrix} f_{2i} & f_{2j} \end{bmatrix}^T \\ \{\delta \varphi_u^*\} = \begin{bmatrix} \varphi_{ui} & \varphi_{uj} \end{bmatrix}^T \end{cases} \quad (2\text{-}5)$$

由式(2-3)~式(2-5),顶板子单元位移模式可表示为:

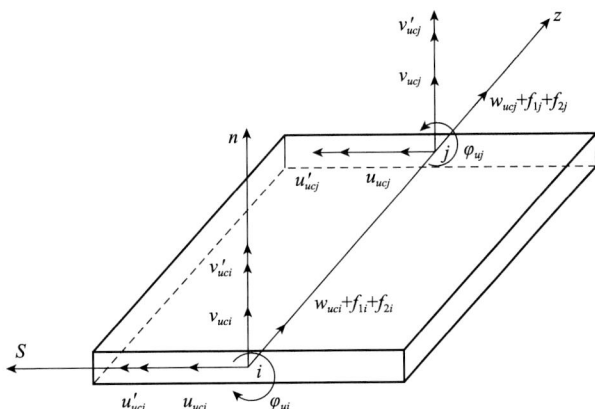

图 2-3　顶板子单元局部坐标系及质心节点位移示意图

$$\text{横向位移模式}\quad u_{uc} = \left[N(z) \right] \{ \delta u_{uc}^{*} \}$$

$$\text{竖向位移模式}\quad v_{uc} = \left[N(z) \right] \{ \delta v_{uc}^{*} \}$$

$$\text{纵向位移模式}\quad w_{uc} = \left[M(z) \right] \{ \delta w_{uc}^{*} \} + \left[M(z) \right] \sin \left(\left(x + \frac{b_u}{2} \right) \frac{\pi}{b_u} \right) \{ \delta f_1^{*} \} +$$

$$\left[M(z) \right] \sin \left(\left(3x + \frac{3b_u}{2} \right) \frac{\pi}{b_u} \right) \{ \delta f_2^{*} \}$$

$$\text{扭转位移模式}\quad \varphi_u = \left[M(z) \right] \{ \delta \varphi_u^{*} \}$$

$$(2\text{-}6)$$

式中：$\left[N(z) \right]$ 和 $\left[M(z) \right]$ ——分别为三次多项式形函数矩阵和一次多项式形函
　　　　　　　　　　数矩阵，按式（2-3）和式（2-4）来确定。

　　由上述分析可知，顶板子单元位移模式中，共有 8 个独立的位移参数（w_{uc}、u_{uc}、v_{uc}、φ_u、u_{uc}'、v_{uc}'、f_1、f_2）。将描述顶板子单元位移模式的独立位移参数表示为矩阵形式，记为：

$$\{ d_u \} = \left[\begin{matrix} w_{uc} & u_{uc} & v_{uc} & \varphi_u & u_{uc}' & v_{uc}' & f_1 & f_2 \end{matrix} \right]^{\mathrm{T}} \qquad (2\text{-}7)$$

②顶板子单元的应变能

根据顶板子单元位移模式，可得到顶板子单元任一点位移与其截面质心节点位移的关系为：

$$
\text{横向位移}(s\,\text{方向}) \quad u^u = [N(z)]\{\delta u_{uc}^*\} - y[M(z)]\{\delta \varphi_u^*\}
$$

$$
\text{竖向位移}(n\,\text{方向}) \quad v^u = [N(z)]\{\delta v_{uc}^*\} + x[M(z)]\{\delta \varphi_u^*\}
$$

$$
\text{纵向位移}(z\,\text{方向}) \quad w^u = [M(z)]\{\delta w_{uc}^*\} + [M(z)]\sin\left(\left(x+\frac{b_u}{2}\right)\frac{\pi}{b_u}\right)\{\delta f_1^*\} +
$$

$$
[M(z)]\sin\left(\left(3x+\frac{3b_u}{2}\right)\frac{\pi}{b_u}\right)\{\delta f_2^*\} - x[N'(z)]\{\delta u_{uc}^*\} -
$$

$$
y[N'(z)]\{\delta v_{uc}^*\}
$$

$$(2\text{-}8)$$

根据式(2-8)顶板子单元的位移场,利用几何方程,得到顶板子单元应变,从而可确定顶板子单元混凝土的应变能 π_u。

$$
\pi_u = \frac{1}{2}\int_{\Omega_u} E([M'(z)]\{\delta w_{uc}^*\} + [M'(z)]\sin\left(\left(x+\frac{b_u}{2}\right)\frac{\pi}{b_u}\right)\{\delta f_1^*\} +
$$

$$
[M'(z)]\sin\left(\left(3x+\frac{3}{2}b_u\right)\frac{\pi}{b_u}\right)\{\delta f_2^*\} - x[N''(z)]\{\delta u_{uc}^*\} -
$$

$$
y[N''(z)]\{\delta v_{uc}^*\})^2 \mathrm{d}\Omega + \frac{1}{2}\int_0^l GJ_u[M'(z)]\{\delta \varphi_u^*\}[M'(z)]\{\delta \varphi_u^*\}\mathrm{d}z
$$

$$
= \frac{1}{2}[\{\delta w_{uc}^*\}^T \quad \{\delta f_1^*\}^T \quad \{\delta f_2^*\}^T \quad \{\delta u_{uc}^*\}^T \quad \{\delta v_{uc}^*\}^T][K_u^{\,1}]
$$

$$
[\{\delta w_{uc}^*\}^T \quad \{\delta f_1^*\}^T \quad \{\delta f_2^*\}^T \quad \{\delta u_{uc}^*\}^T \quad \{\delta v_{uc}^*\}^T]^T +
$$

$$
\frac{1}{2}\{\delta \varphi_u^*\}^T[K_u^{\,2}]\{\delta \varphi_u^*\}\mathrm{d}z
$$

$$
= \frac{1}{2}[\{\delta w_{uc}^*\}^T \quad \{\delta f_1^*\}^T \quad \{\delta f_2^*\}^T \quad \{\delta u_{uc}^*\}^T \quad \{\delta v_{uc}^*\}^T \{\delta \varphi_u^*\}^T]
$$

$$
[K_u][\{\delta w_{uc}^*\}^T \quad \{\delta f_1^*\}^T \quad \{\delta f_2^*\}^T \quad \{\delta u_{uc}^*\}^T \quad \{\delta v_{uc}^*\}^T \{\delta \varphi_u^*\}^T]^T
$$

$$(2\text{-}9)$$

式中:$[K_u^{\,1}]$——顶板子单元混凝土的弯曲刚度矩阵。

$$\left[\,K_u{}^1\,\right] = \begin{bmatrix} K_u{}^1{}_{(1,1)} & K_u{}^1{}_{(1,2)} & K_u{}^1{}_{(1,3)} & K_u{}^1{}_{(1,4)} & K_u{}^1{}_{(1,5)} \\ & K_u{}^1{}_{(2,2)} & K_u{}^1{}_{(2,3)} & K_u{}^1{}_{(2,4)} & K_u{}^1{}_{(2,5)} \\ & & K_u{}^1{}_{(3,3)} & K_u{}^1{}_{(3,4)} & K_u{}^1{}_{(3,5)} \\ & & & K_u{}^1{}_{(4,4)} & K_u{}^1{}_{(4,5)} \\ & & & & K_u{}^1{}_{(5,5)} \end{bmatrix} \quad (2\text{-}10)$$

式(2-10)中，

$$K_u{}^1{}_{(1,1)} = \int_{\Omega_u} E\left[\,M'(z)\,\right]^{\mathrm{T}}\left[\,M'(z)\,\right]\mathrm{d}\Omega$$

$$K_u{}^1{}_{(1,2)} = \int_{\Omega_u} E\left[\,M'(z)\,\right]^{\mathrm{T}}\left[\,M'(z)\,\right]\sin\left(\left(x+\frac{b_u}{2}\right)\frac{\pi}{b_u}\right)\mathrm{d}\Omega$$

$$K_u{}^1{}_{(1,3)} = \int_{\Omega_u} E\left[\,M'(z)\,\right]^{\mathrm{T}}\left[\,M'(z)\,\right]\sin\left(\left(3x+\frac{3}{2}b_u\right)\frac{\pi}{b_u}\right)\mathrm{d}\Omega$$

$$K_u{}^1{}_{(2,2)} = \int_{\Omega_u} E\left[\,M'(z)\,\right]^{\mathrm{T}}\left[\,M'(z)\,\right]\sin^2\left(\left(x+\frac{b_u}{2}\right)\frac{\pi}{b_u}\right)\mathrm{d}\Omega$$

$$K_u{}^1{}_{(2,3)} = \int_{\Omega_u} E\left[\,M'(z)\,\right]^{\mathrm{T}}\left[\,M'(z)\,\right]\sin\left(\left(x+\frac{b_u}{2}\right)\frac{\pi}{b_u}\right)\sin\left(\left(3x+\frac{3}{2}b_u\right)\frac{\pi}{b_u}\right)\mathrm{d}\Omega$$

$$K_u{}^1{}_{(3,3)} = \int_{\Omega_u} E\left[\,M'(z)\,\right]^{\mathrm{T}}\left[\,M'(z)\,\right]\sin^2\left(\left(3x+\frac{3}{2}b_u\right)\frac{\pi}{b_u}\right)\mathrm{d}\Omega$$

$$K_u{}^1{}_{(4,4)} = EI_{uy}\int_0^l\left[\,N''(z)\,\right]^{\mathrm{T}}\left[\,N''(z)\,\right]\mathrm{d}z$$

$$K_u{}^1{}_{(5,5)} = EI_{ux}\int_0^l\left[\,N''(z)\,\right]^{\mathrm{T}}\left[\,N''(z)\,\right]\mathrm{d}z$$

$$K_u{}^1{}_{(1,4)} = K_u{}^1{}_{(1,5)} = K_u{}^1{}_{(2,4)} = K_u{}^1{}_{(2,5)} = K_u{}^1{}_{(3,4)}$$

$$= K_u{}^1{}_{(3,5)} = \left[\,0\,\right]_{2\times4} \quad K_u{}^1{}_{(4,5)} = \left[\,0\,\right]_{4\times4}$$

式中：$\left[K_u{}^2\right]$——顶板子单元混凝土的扭转刚度矩阵。

$$\left[\,K_u{}^2\,\right] = \int_0^l GJ_u\left[\,M'(z)\,\right]^{\mathrm{T}}\left[\,M'(z)\,\right]\mathrm{d}z \quad (2\text{-}11)$$

$\left[K_u\right]$——箱梁顶板子单元混凝土刚度矩阵，它是由顶板子单元混凝土的弯曲刚度矩阵$\left[K_u{}^1\right]$和扭转刚度矩阵$\left[K_u{}^2\right]$叠加而成，即

$$\left[\,K_u\,\right] = \begin{bmatrix} K_u^1 & 0 \\ 0 & K_u^2 \end{bmatrix} \quad (2\text{-}12)$$

$[K_u^{-1}]$和$[K_u^{-2}]$可根据式(2-10)和式(2-11)得到,并按顶板自由度$\{d_u\}$编号重排后确定。

E、G——分别为混凝土的弹性模量和剪切模量;

I_{ux}、I_{uy}——分别为箱梁顶板在局部坐标系中关于s轴和n轴的惯性矩;

J_u——顶板的扭转惯性矩。

于是,可得到箱梁顶板子单元混凝土的应变能π_u

$$\pi_u = \frac{1}{2}\{d_u\}^T[K_u]\{d_u\} \qquad (2\text{-}13)$$

(2)底板子单元分析

图2-4为底板子单元局部坐标系及质心节点位移示意图。$\{\delta u_{lc}^*\}$、$\{\delta v_{lc}^*\}$、$\{\delta w_{lc}^*\}$、$\{\delta \varphi_l^*\}$为底板子单元在质心节点处的横向变位、竖向变位、轴向均匀变位及扭转变位的位移参数,$\{\delta f_3^*\}$为考虑箱梁底板剪力滞效应增加的非均匀变形的正弦波峰值,将图2-4所示底板质心节点位移表示成如式(2-14)矩阵形式:

$$\begin{cases} \{\delta u_{lc}^*\} = \begin{bmatrix} u_{lci} & u_{lci}' & u_{lcj} & u_{lcj}' \end{bmatrix}^T \\ \{\delta v_{lc}^*\} = \begin{bmatrix} v_{lci} & v_{lci}' & v_{lcj} & v_{lcj}' \end{bmatrix}^T \\ \{\delta w_{lc}^*\} = \begin{bmatrix} w_{lci} & w_{lcj} \end{bmatrix}^T \\ \{\delta f_3^*\} = \begin{bmatrix} f_{3i} & f_{3j} \end{bmatrix}^T \\ \{\delta \varphi_l^*\} = \begin{bmatrix} \varphi_{li} & \varphi_{lj} \end{bmatrix}^T \end{cases} \qquad (2\text{-}14)$$

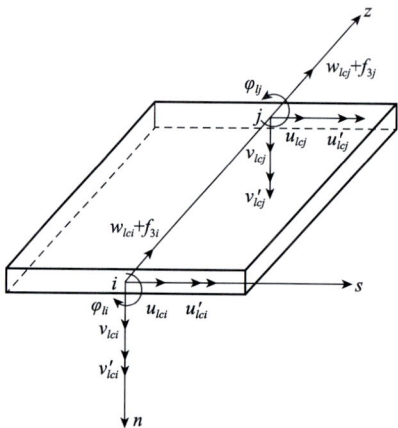

图2-4 底板子单元局部坐标系及质心节点位移示意图

由式(2-3)、式(2-4)和式(2-14),可得到底板子单元的位移模式为:

$$\text{横向位移模式}\quad u_{lc} = [N(z)]\{\delta u_{lc}^*\}$$

$$\text{竖向位移模式}\quad v_{lc} = [N(z)]\{\delta v_{lc}^*\}$$

$$\text{纵向位移模式}\quad w_{lc} = [M(z)]\{\delta w_{lc}^*\} + [M(z)]\sin\left(\left(x+\frac{b_l}{2}\right)\frac{\pi}{b_l}\right)\{\delta f_3^*\}$$

$$\text{扭转位移模式}\quad \varphi_l = [M(z)]\{\delta\varphi_l^*\}$$

$$(2\text{-}15)$$

底板子单元位移模式中,共有 7 个独立的位移参数 (w_{lc}、u_{lc}、v_{lc}、φ_l、u'_{lc}、v'_{lc}、f_3)。将底板子单元位移模式表示为矩阵形式,记为:

$$\{d_l\} = \begin{bmatrix} w_{lc} & u_{lc} & v_{lc} & \varphi_l & u'_{lc} & v'_{lc} & f_3 \end{bmatrix}^T \qquad (2\text{-}16)$$

根据底板子单元位移模式,可得到底板子单元任一点位移与其截面质心节点位移的关系为:

$$\text{横向位移}(s\text{ 方向})\qquad u^l = [N(z)]\{\delta u_{lc}^*\} - y[M(z)]\{\delta\varphi_l^*\}$$

$$\text{竖向位移}(n\text{ 方向})\qquad v^l = [N(z)]\{\delta v_{lc}^*\} + x[M(z)]\{\delta\varphi_l^*\}$$

$$\text{纵向位移}(z\text{ 方向})\quad w^l = [M(z)]\{\delta w_{lc}^*\} + [M(z)]\sin\left(\left(x+\frac{b_l}{2}\right)\frac{\pi}{b_l}\right)\{\delta f_3^*\} -$$

$$x[N'(z)]\{\delta u_{lc}^*\} - y[N'(z)]\{\delta v_{lc}^*\}$$

$$(2\text{-}17)$$

底板子单元混凝土的应变能 π_l 为:

$$\pi_l = \frac{1}{2}\int_{\Omega_l} E([M'(z)]\{\delta w_{lc}^*\} + [M'(z)]\sin\left(\left(x+\frac{b_l}{2}\right)\frac{\pi}{b_l}\right)\{\delta f_3^*\} -$$

$$x[N''(z)]\{\delta u_{lc}^*\} - y[N''(z)]\{\delta v_{lc}^*\})^2 \mathrm{d}\Omega +$$

$$\frac{1}{2}\int_0^l GJ_l[M'(z)]\{\delta\varphi_l^*\}[M'(z)]\{\delta\varphi_l^*\}\mathrm{d}z$$

$$= \frac{1}{2}\begin{bmatrix}\{\delta w_{lc}^*\}^T & \{\delta f_3^*\}^T & \{\delta u_{lc}^*\}^T & \{\delta f_{3Z}^*\}^T\end{bmatrix}[K_l^{\ 1}]$$

$$\begin{bmatrix}\{\delta w_{lc}^*\}^T & \{\delta f_3^*\}^T & \{\delta u_{lc}^*\}^T & \{\delta v_{lc}^*\}^T\end{bmatrix}^T + \frac{1}{2}\{\delta\varphi_l^*\}^T[K_l^{\ 2}]\{\delta\varphi_l^*\}\mathrm{d}z$$

$$= \frac{1}{2}\begin{bmatrix}\{\delta w_{lc}^*\}^T & \{\delta f_3^*\}^T & \{\delta u_{lc}^*\}^T & \{\delta v_{lc}^*\}^T & \{\delta\varphi_l^*\}^T\end{bmatrix}$$

$$[K_l] \ [\ \{\delta w_{lc}^*\}^T \quad \{\delta f_3^*\}^T \quad \{\delta u_{lc}^*\}^T \quad \{\delta v_{lc}^*\}^T \quad \{\delta \varphi_l^*\}^T]^T \qquad (2\text{-}18)$$

式中：$[K_l^{\,1}]$——底板子单元混凝土的弯曲刚度矩阵。

$$[K_1^{\,l}] = \begin{bmatrix} K_l^{\,1}{}_{(1,1)} & K_l^{\,1}{}_{(1,2)} & K_l^{\,1}{}_{(1,3)} & K_l^{\,1}{}_{(1,4)} \\ & K_l^{\,1}{}_{(2,2)} & K_l^{\,1}{}_{(2,3)} & K_l^{\,1}{}_{(2,4)} \\ & & K_l^{\,1}{}_{(3,3)} & K_l^{\,1}{}_{(3,4)} \\ & & & K_l^{\,1}{}_{(4,4)} \end{bmatrix} \qquad (2\text{-}19)$$

$$K_l^{\,1}{}_{(1,1)} = \int_{\Omega_l} E\,[M'(z)]^T[M'(z)]\,\mathrm{d}\Omega$$

$$K_l^{\,1}{}_{(1,2)} = \int_{\Omega_l} E\,[M'(z)]^T[M'(z)]\sin\left(\left(x+\frac{b_l}{2}\right)\frac{\pi}{b_l}\right)\mathrm{d}\Omega$$

$$K_l^{\,1}{}_{(2,2)} = \int_{\Omega_l} E\,[M'(z)]^T[M'(z)]\sin^2\left(\left(x+\frac{b_l}{2}\right)\frac{\pi}{b_l}\right)\mathrm{d}\Omega$$

$$K_l^{\,1}{}_{(3,3)} = EI_{ly}\int_0^l [N''(z)]^T[N''(z)]\,\mathrm{d}z$$

$$K_l^{\,1}{}_{(4,4)} = EI_{lx}\int_0^l [N''(z)]^T[N''(z)]\,\mathrm{d}z$$

$$K_l^{\,1}{}_{(1,3)} = K_l^{\,1}{}_{(1,4)} = K_l^{\,1}{}_{(2,3)} = K_l^{\,1}{}_{(2,4)} = [0]_{2\times 4} \quad K_l^{\,1}{}_{(3,4)} = [0]_{4\times 4}$$

$[K_l^{\,2}]$——底板子单元混凝土的扭转刚度矩阵

$$[K_l^{\,2}] = \int_0^l GJ_l\,[M'(z)]^T[M'(z)]\,\mathrm{d}z \qquad (2\text{-}20)$$

$[K_l]$——箱梁底板子单元混凝土刚度矩阵，它是由底板子单元混凝土的弯曲刚度矩阵$[K_l^{\,1}]$和扭转刚度矩阵$[K_l^{\,2}]$叠加而成，即

$$[K_l] = \begin{bmatrix} K_l^{\,1} & 0 \\ 0 & K_l^{\,2} \end{bmatrix} \qquad (2\text{-}21)$$

$[K_l^{\,1}]$和$[K_l^{\,2}]$可根据式(2-19)和式(2-20)得到，并按底板自由度$\{d_l\}$编号重排后确定。

E、G——分别为混凝土的弹性模量和剪切模量；

I_{lx}、I_{ly}——分别为箱梁底板在局部坐标系中关于s轴和n轴的惯性矩；

J_l——底板的扭转惯性矩。

底板子单元混凝土的应变能π_l为

$$\pi_l = \frac{1}{2} \{d_l\}^{\mathrm{T}} [K_l] \{d_l\} \tag{2-22}$$

（3）左腹板子单元分析

根据腹板子单元力学行为仍为梁特征的特点,对左腹板子单元建立如图 2-5 所示的局部坐标系。图 2-5 给出了左腹板质心节点处位移示意图。$\{\delta u_{fl}^*\}$、$\{\delta v_{fl}^*\}$、$\{\delta w_{fl}^*\}$、$\{\delta \varphi_{fl}^*\}$ 为左腹板子单元在质心节点处的横向变位、竖向变位、轴向变位及扭转变位的位移参数,左腹板质心节点位移参数表示成矩阵形式为:

$$\begin{cases} \{\delta u_{fl}^*\} = \begin{bmatrix} u_{fli} & u_{fli}' & u_{flj} & u_{flj}' \end{bmatrix}^{\mathrm{T}} \\ \{\delta v_{fl}^*\} = \begin{bmatrix} v_{fli} & v_{fli}' & v_{flj} & v_{flj}' \end{bmatrix}^{\mathrm{T}} \\ \{\delta w_{fl}^*\} = \begin{bmatrix} w_{fli} & w_{flj} \end{bmatrix}^{\mathrm{T}} \\ \{\delta \varphi_{fl}^*\} = \begin{bmatrix} \varphi_{fli} & \varphi_{flj} \end{bmatrix}^{\mathrm{T}} \end{cases} \tag{2-23}$$

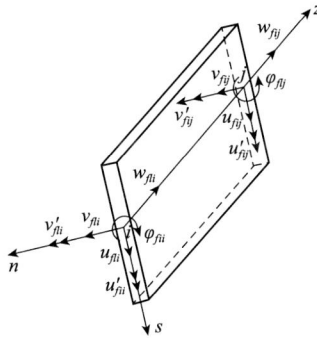

图 2-5　左腹板子单元质心节点位移示意图

由式（2-3）、式（2-4）和式（2-23）,可得到左腹板子单元的位移模式为:

$$\left. \begin{array}{ll} \text{横向位移模式} & u_{fl} = [N(z)]\{\delta u_{fl}^*\} \\ \text{竖向位移模式} & v_{fl} = [N(z)]\{\delta v_{fl}^*\} \\ \text{纵向位移模式} & w_{fl} = [M(z)]\{\delta w_{fl}^*\} \\ \text{扭转位移模式} & \varphi_{fl} = [M(z)]\{\delta \varphi_{fl}^*\} \end{array} \right\} \tag{2-24}$$

左腹板子单元位移模式中,共有 6 个独立的位移参数（w_{lc}、u_{lc}、v_{lc}、φ_l、u_{lc}'、v_{lc}'）,其力学行为与普通梁单元一样,有 6 个自由度。将描述左腹板子单元位移模式的独立位移参数表示为矩阵形式,记为:

$$\{d_{fl}\} = \begin{bmatrix} w_{fl} & u_{fl} & v_{fl} & \varphi_{fl} & u'_{fl} & v'_{fl} \end{bmatrix}^T \tag{2-25}$$

左腹板子单元混凝土的应变能 π_{fl} 为:

$$\pi_{fl} = \frac{1}{2}\int_{\Omega_{fl}} E([M'(z)]\{\delta w^*_{fl}\} - x[N''(z)]\{\delta u^*_{fl}\} - y[N''(z)]\{\delta v^*_{fl}\})^2 d\Omega +$$

$$\frac{1}{2}\int_0^l GJ_{fl}[M'(z)]\{\delta\varphi^*_{fl}\}[M'(z)]\{\delta\varphi^*_{fl}\}dz$$

$$= \frac{1}{2}\begin{bmatrix} \{\delta w^*_{fl}\}^T & \{\delta u^*_{fl}\}^T & \{\delta v^*_{fl}\}^T & \{\delta\varphi^*_{fl}\}^T \end{bmatrix}$$

$$[K_{fl}]\begin{bmatrix} \{\delta w^*_{fl}\}^T & \{\delta u^*_{fl}\}^T & \{\delta v^*_{fl}\}^T & \{\delta\varphi^*_{fl}\}^T \end{bmatrix}^T \tag{2-26}$$

式中:$[K_{fl}]$——左腹板子单元混凝土刚度矩阵,其与普通梁单元的刚度矩阵形式相同,这里不再赘述,但要注意绕板局部坐标轴转角与竖向和横向位移一阶导数的关系。

左腹板子单元混凝土的应变能 π_{fl} 为

$$\pi_{fl} = \frac{1}{2}\int_0^l EI_{flx}[N''(z)]\{\delta u^*_{fl}\}[N''(z)]\{\delta u^*_{fl}\}dz +$$

$$\frac{1}{2}\int_0^l EI_{fly}[N''(z)]\{\delta v^*_{fl}\}[N''(z)]\{\delta v^*_{fl}\}dz +$$

$$\frac{1}{2}\int_0^l GJ_{fl}[M'(z)]\{\delta\varphi^*_{fl}\}[M'(z)]\{\delta\varphi^*_{fl}\}dz +$$

$$\frac{1}{2}\int_0^l EA_{fl}[M'(z)]\{\delta w^*_{fl}\}[M'(z)]\{\delta w^*_{fl}\}dz \tag{2-27}$$

式中:E、G——混凝土的弹性模量和剪切模量;

A_{fl}——左腹板的横截面面积;

I_{flx}、I_{fly}——左腹板在局部坐标系中关于 s 轴和 n 轴的惯性矩;

J_{fl}——左腹板的扭转惯性矩。

(4)右腹板子单元分析

右腹板的分析方法与左腹板同,其质心节点位移的矩阵形式及位移模式为:

$$\begin{cases} \{\delta u^*_{fR}\} = \begin{bmatrix} u_{fRi} & u'_{fRi} & u_{fRj} & u'_{fRj} \end{bmatrix}^T \\ \{\delta v^*_{fR}\} = \begin{bmatrix} v_{fRi} & v'_{fRi} & v_{fRj} & v'_{fRj} \end{bmatrix}^T \\ \{\delta w^*_{fR}\} = \begin{bmatrix} w_{fRi} & w_{fRj} \end{bmatrix}^T \\ \{\delta\varphi^*_{fR}\} = \begin{bmatrix} \varphi_{fRi} & \varphi_{fRj} \end{bmatrix}^T \end{cases} \tag{2-28}$$

$$
\left.\begin{aligned}
\text{横向位移模式} \quad u_{fR} &= [N(z)]\{\delta u_{fR}^*\} \\
\text{竖向位移模式} \quad v_{fR} &= [N(z)]\{\delta v_{fR}^*\} \\
\text{纵向位移模式} \quad w_{fR} &= [M(z)]\{\delta w_{fR}^*\} \\
\text{扭转位移模式} \quad \varphi_{fR} &= [M(z)]\{\delta \varphi_{fR}^*\}
\end{aligned}\right\} \tag{2-29}
$$

右腹板子单元位移模式与普通梁单元一样,有 6 个自由度。将描述右腹板子单元位移模式的独立位移参数表示为矩阵形式,记为:

$$
\{d_{fR}\} = \begin{bmatrix} w_{fR} & u_{fR} & v_{fR} & \varphi_{fR} & u_{fR}' & v_{fR}' \end{bmatrix}^{\mathrm{T}} \tag{2-30}
$$

右腹板子单元混凝土的应变能 π_{fR} 为

$$
\begin{aligned}
\pi_{fR} ={}& \frac{1}{2}\int_{\Omega_{fR}} E\left([M'(z)]\{\delta w_{fR}^*\} - x[N''(z)]\{\delta u_{fR}^*\} - y[N''(z)]\{\delta v_{fR}^*\}\right)^2 \mathrm{d}\Omega + \\
& \frac{1}{2}\int_0^l GJ_{fR}[M'(z)]\{\delta \varphi_{fR}^*\}[M'(z)]\{\delta \varphi_{fR}^*\}\,\mathrm{d}z \\
={}& \frac{1}{2}\begin{bmatrix} \{\delta w_{fR}^*\}^{\mathrm{T}} & \{\delta u_{fR}^*\}^{\mathrm{T}} & \{\delta v_{fR}^*\}^{\mathrm{T}} & \{\delta \varphi_{fR}^*\}^{\mathrm{T}} \end{bmatrix} \\
& [K_{fR}]\begin{bmatrix} \{\delta w_{fR}^*\}^{\mathrm{T}} & \{\delta u_{fR}^*\}^{\mathrm{T}} & \{\delta v_{fR}^*\}^{\mathrm{T}} & \{\delta \varphi_{fR}^*\}^{\mathrm{T}} \end{bmatrix}^{\mathrm{T}}
\end{aligned} \tag{2-31}
$$

式中: $[K_{fR}]$ ——右腹板子单元混凝土刚度矩阵。

右腹板子单元混凝土的应变能 π_{fR} 为

$$
\begin{aligned}
\pi_{fR} ={}& \frac{1}{2}\int_0^l EI_{fRx}[N''(z)]\{\delta u_{fR}^*\}[N''(z)]\{\delta u_{fR}^*\}\,\mathrm{d}z + \\
& \frac{1}{2}\int_0^l EI_{fRy}[N''(z)]\{\delta v_{fR}^*\}[N''(z)]\{\delta v_{fR}^*\}\,\mathrm{d}z + \\
& \frac{1}{2}\int_0^l GJ_{fR}[M'(z)]\{\delta \varphi_{fR}^*\}[M'(z)]\{\delta \varphi_{fR}^*\}\,\mathrm{d}z + \\
& \frac{1}{2}\int_0^l EA_{fR}[M'(z)]\{\delta w_{fR}^*\}[M'(z)]\{\delta w_{fR}^*\}\,\mathrm{d}z
\end{aligned} \tag{2-32}
$$

式中: A_{fR} ——右腹板的横截面面积;

I_{fRx} 、I_{fRy} ——左腹板在局部坐标系中关于 s 轴和 n 轴的惯性矩;

J_{fR} ——右腹板的扭转惯性矩。

4)箱梁截面自由度与其板梁子单元自由度的转换矩阵

前述给出了围成箱梁的各板梁子单元位移模式,为组拼箱梁各板件的刚度矩阵,并以箱梁截面的整体位移参数作为节点自由度,就需要建立箱梁截面整体位移参数与其板梁子单元位移参数的关系,确定箱梁截面自由度与其板梁子单元自由度之间的转换矩阵。

对于围成箱梁的各板梁子单元,由梁单元的平截面基本假定(2.2.1 节中第三基本假定),不考虑板梁单元纵向纤维的挤压,可略去箱梁板件宽度与厚度方向纤维挤压变形。于是,左腹板下部竖向位移 v_{tl} 及右腹板下部竖向位移 v_{tR} 可用箱梁截面自由度参数表示成:

$$\left.\begin{aligned}v_{tl} &= v_l + (u_u - u_l)\tan\alpha \\ v_{tR} &= v_R + (u_l - u_u)\tan\alpha\end{aligned}\right\} \tag{2-33}$$

根据围成箱梁各板梁子单元之间刚性连接的假定(2.2.1 节中第一基本假定),箱梁各板件在隅角点处变形协调。图 2-6 示出箱梁截面位移参数与其板梁子单元位移参数关系。

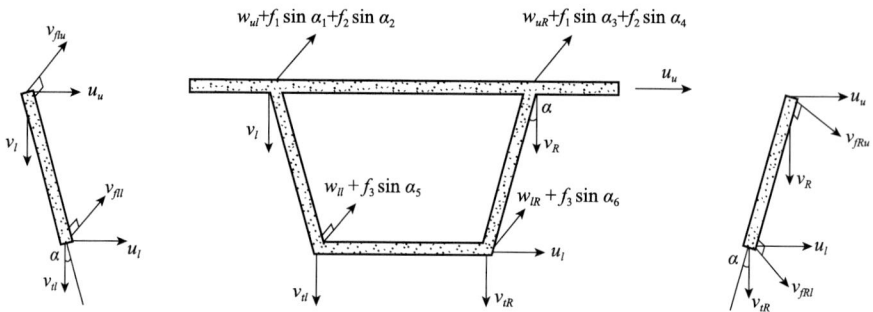

图 2-6　箱梁截面变位与其板梁子单元位移参数关系

对顶板有:

$$\left.\begin{aligned}u_{uc} &= u_u & u'_{uc} &= \frac{1}{b}(w_{ul} - w_{uR}) \\ v_{uc} &= \frac{1}{2}(v_l + v_R) & v'_{uc} &= \frac{1}{2}(v'_l + v'_R) \\ w_{uc} &= \frac{1}{2}(w_{ul} + w_{uR}) & \varphi_{uc} &= \frac{1}{b}(v_R - v_l) \\ f_1 &= f_1 & f_2 &= f_2\end{aligned}\right\} \tag{2-34}$$

对底板有:

$$
\left.
\begin{aligned}
&u_{lc}=u_l && u'_{lc}=\frac{1}{b_l}(w_{ll}-w_{lR})\\[2mm]
&v_{lc}=\frac{1}{2}(v_l+v_R) && v'_{lc}=\frac{1}{2}(v'_l+v'_R)\\[2mm]
&w_{lc}=\frac{1}{2}(w_{ll}+w_{lR}) && \varphi_l=\frac{1}{b_l}(v_{tR}-v_{tl})\\[2mm]
&f_3=f_3
\end{aligned}
\right\}
\tag{2-35}
$$

如图 2-6 所示，对左腹板有：

$$
\left.
\begin{aligned}
&u_{fl}=v_l\cos\alpha+u_u\sin\alpha && u'_{fl}=\frac{1}{h_b}(w_{ul}+f_1\sin\alpha_1+f_2\sin\alpha_2-w_{ll}-f_3\sin\alpha_5)\\[2mm]
&v_{fl}=\frac{1}{2}(v_{flu}+v_{fll}) && v'_{fl}=\frac{1}{2}(v'_{flu}+v'_{fll})\\[2mm]
&w_{fl}=\frac{1}{2}(w_{ll}+f_3\sin\alpha_5+w_{ul}+f_1\sin\alpha_1+f_2\sin\alpha_2) && \varphi_{fl}=\frac{1}{h_b}(v_{flu}-v_{fll})
\end{aligned}
\right\}
$$

$$\tag{2-36}$$

对右腹板有：

$$
\left.
\begin{aligned}
&u_{fR}=v_R\cos\alpha+u_u\sin\alpha && u'_{fR}=\frac{1}{h_b}(w_{uR}+f_1\sin\alpha_3+f_2\sin\alpha_4-w_{lR}-f_3\sin\alpha_6)\\[2mm]
&v_{fR}=\frac{1}{2}(v_{fRu}+v_{fRl}) && v'_{fR}=\frac{1}{2}(v'_{fRu}+v'_{fRl})\\[2mm]
&w_{fR}=\frac{1}{2}(w_{lR}+f_3\sin\alpha_6+w_{uR}+f_1\sin\alpha_3+f_2\sin\alpha_4) && \varphi_{fR}=\frac{1}{h_b}(v_{fRu}-v_{fRl})
\end{aligned}
\right\}
$$

$$\tag{2-37}$$

以上各式中，系数 α_1、α_2、α_3、α_4、α_5、α_6 可由箱梁截面尺寸，按式（2-1）确定。

根据板梁子单元平截面基本假定，不考虑纵向纤维的挤压变形，则
对左腹板有：

$$
v_l\cos\alpha+u_u\sin\alpha=v_{tl}\cos\alpha+u_l\sin\alpha
\tag{2-38}
$$

对右腹板有：

$$
v_R\cos\alpha+u_u\sin\alpha=v_{tR}\cos\alpha+u_l\sin\alpha
\tag{2-39}
$$

由式（2-38）和式（2-39），可得：

$$v_{tl} = v_l + (u_u - u_l)\tan\alpha \qquad (2\text{-}40)$$

$$v_{tR} = v_R + (u_l - u_u)\tan\alpha \qquad (2\text{-}41)$$

又由图 2-6 变位关系有：

$$\left. \begin{aligned} v_{flu} &= u_u\cos\alpha - v_l\sin\alpha \\ v_{fll} &= u_l\cos\alpha - (v_l + (u_u - u_l)\tan\alpha)\sin\alpha \\ v_{fRu} &= u_u\cos\alpha + v_R\sin\alpha \\ v_{fRl} &= u_l\cos\alpha + (v_R + (u_l - u_u)\tan\alpha)\sin\alpha \end{aligned} \right\} \qquad (2\text{-}42)$$

又由式（2-36）和式（2-37）中有：

$$\left. \begin{aligned} u_{fl} &= v_l\cos\alpha + u_u\sin\alpha \\ u_{fR} &= v_R\cos\alpha + u_u\sin\alpha \end{aligned} \right\} \qquad (2\text{-}43)$$

根据弯曲变形的定义，对左右腹板有：

$$\left. \begin{aligned} u'_{fl} &= \frac{1}{h_b}(w_{ul} + f_1\sin\alpha_1 + f_2\sin\alpha_2 - w_{ll} - f_3\sin\alpha_5) \\ u'_{fR} &= \frac{1}{h_b}(w_{uR} + f_1\sin\alpha_3 + f_2\sin\alpha_4 - w_{lR} - f_3\sin\alpha_6) \end{aligned} \right\} \qquad (2\text{-}44)$$

由式（2-44），并对式（2-43）求关于 z 的导数，可得：

$$\left. \begin{aligned} \frac{1}{h_b}(w_{ul} + f_1\sin\alpha_1 + f_2\sin\alpha_2 - w_{ll} - f_3\sin\alpha_5) &= v'_l\cos\alpha + u'_u\sin\alpha \\ \frac{1}{h_b}(w_{uR} + f_1\sin\alpha_3 + f_2\sin\alpha_4 - w_{lR} - f_3\sin\alpha_6) &= v'_R\cos\alpha - u'_u\sin\alpha \end{aligned} \right\} \qquad (2\text{-}45)$$

整理式（2-45），并根据弯曲变形的定义，对顶板有：

$$\left. \begin{aligned} v'_l &= \frac{1}{h}(w_{ul} + f_1\sin\alpha_1 + f_2\sin\alpha_2 - w_{ll} - f_3\sin\alpha_5) - \frac{w_{ul} - w_{uR}}{b}\tan\alpha \\ v'_R &= \frac{1}{h}(w_{uR} + f_1\sin\alpha_3 + f_2\sin\alpha_4 - w_{lR} - f_3\sin\alpha_6) + \frac{w_{ul} - w_{uR}}{b}\tan\alpha \end{aligned} \right\} \qquad (2\text{-}46)$$

对式（2-42）求关于 z 的导数，并利用式（2-44）的关系式，可得：

$$
\left.
\begin{aligned}
v'_{flu} &= \frac{1}{b}(w_{ul} - w_{uR})\cos\alpha - \frac{\sin\alpha}{h}(w_{ul} + f_1\sin\alpha_1 + f_2\sin\alpha_2 - w_{ll} - f_3\sin\alpha_5) + \\
&\quad \frac{\sin\alpha\tan\alpha}{b}(w_{ul} - w_{uR}) \\
v'_{fll} &= \frac{\cos\alpha}{b_l}(w_{ll} - w_{lR}) - \frac{\sin\alpha}{h}(w_{ul} + f_1\sin\alpha_1 + f_2\sin\alpha_2 - w_{ll} - f_3\sin\alpha_5) + \\
&\quad \frac{\sin\alpha\tan\alpha}{b_l}(w_{ll} - w_{lR})
\end{aligned}
\right\}
$$

$$(2\text{-}47)$$

$$
\left.
\begin{aligned}
v'_{fRu} &= \frac{\cos\alpha}{b}(w_{ul} - w_{uR}) + \frac{\sin\alpha}{h}(w_{uR} + f_1\sin\alpha_3 + f_2\sin\alpha_4 - w_{lR} - f_3\sin\alpha_6) + \\
&\quad \frac{\sin\alpha\tan\alpha}{b}(w_{ul} - w_{uR}) \\
v'_{fRl} &= \frac{\cos\alpha}{b_l}(w_{ll} - w_{lR}) + \frac{\sin\alpha}{h}(w_{uR} + f_1\sin\alpha_3 + f_2\sin\alpha_4 - w_{lR} - f_3\sin\alpha_6) + \\
&\quad \frac{\sin\alpha\tan\alpha}{b_l}(w_{ll} - w_{lR})
\end{aligned}
\right\}
$$

$$(2\text{-}48)$$

由式（2-33）～式（2-48），可得出组成箱梁各板梁子单元位移参数与箱梁截面整体位移参数之间关系的显式。将组成箱梁各板梁子单元位移参数与箱梁截面自由度之间关系写成矩阵形式有：

对顶板：
$$
\{d_u\} = A\{d\} = \begin{pmatrix} a_{1,1} & \cdots & a_{1,11} \\ \vdots & \ddots & \vdots \\ a_{8,1} & \cdots & a_{8,11} \end{pmatrix}\{d\}
\qquad (2\text{-}49)
$$

对底板：
$$
\{d_l\} = B\{d\} = \begin{pmatrix} b_{1,1} & \cdots & b_{1,11} \\ \vdots & \ddots & \vdots \\ b_{7,1} & \cdots & b_{7,11} \end{pmatrix}\{d\}
\qquad (2\text{-}50)
$$

对左腹板：
$$
\{d_{fl}\} = C\{d\} = \begin{pmatrix} c_{1,1} & \cdots & c_{1,11} \\ \vdots & \ddots & \vdots \\ c_{6,1} & \cdots & c_{6,11} \end{pmatrix}\{d\}
\qquad (2\text{-}51)
$$

对右腹板：
$$\{d_{fR}\} = D\{d\} = \begin{pmatrix} d_{1,1} & \cdots & d_{1,11} \\ \vdots & \ddots & \vdots \\ d_{6,1} & \cdots & d_{6,11} \end{pmatrix} \{d\} \tag{2-52}$$

式（2-49）~式（2-52）中，

$$\{d_u\} = \begin{bmatrix} w_{uc} & u_{uc} & v_{uc} & \varphi_u & u'_{uc} & v'_{uc} & f_1 & f_2 \end{bmatrix}^T$$

$$\{d_l\} = \begin{bmatrix} w_{lc} & u_{lc} & v_{lc} & \varphi_l & u'_{lc} & v'_{lc} & f_3 \end{bmatrix}^T$$

$$\{d_{fl}\} = \begin{bmatrix} w_{fl} & u_{fl} & v_{fl} & \varphi_{fl} & u'_{fl} & v'_{fl} \end{bmatrix}^T$$

$$\{d_{fR}\} = \begin{bmatrix} w_{fR} & u_{fR} & v_{fR} & \varphi_{fR} & u'_{fR} & v'_{fR} \end{bmatrix}^T$$

$$\{d\} = \begin{bmatrix} u_u & u_l & v_l & v_R & w_{ul} & w_{uR} & w_{ll} & w_{lR} & f_1 & f_2 & f_3 \end{bmatrix}^T$$

式（2-49）~式（2-52）中，板梁子单元位移参数与箱梁截面整体自由度之间转换矩阵 A、B、C、D 中的各系数分别为：

$$A = \begin{bmatrix} a_{ij} \end{bmatrix}_{8 \times 11}$$

$$a_{1,5} = a_{1,6} = \frac{1}{2} \quad a_{2,1} = 1 \quad a_{3,3} = a_{3,4} = \frac{1}{2} \quad a_{4,3} = -a_{4,4} = -\frac{1}{b} \quad a_{5,5} = -a_{5,6} = \frac{1}{b}$$

$$a_{6,5} = a_{6,6} = -a_{6,7} = -a_{6,8} = \frac{1}{2h} \quad a_{6,9} = \frac{\sin\alpha_1 + \sin\alpha_3}{2h} \quad a_{6,10} = \frac{\sin\alpha_2 + \sin\alpha_4}{2h}$$

$$a_{6,11} = -\frac{\sin\alpha_5 + \sin\alpha_6}{2h} \quad a_{7,9} = a_{8,10} = 1$$

矩阵 A 中其余系数 $a_{i,j}(i=1,2,\cdots,8；j=1,2,\cdots,11)$ 为零。

$$B = \begin{bmatrix} b_{ij} \end{bmatrix}_{7 \times 11}$$

$$b_{1,7} = b_{1,8} = \frac{1}{2} \quad b_{2,2} = 1 \quad b_{3,3} = b_{3,4} = \frac{1}{2} \quad b_{4,1} = -b_{4,2} = -\frac{2\tan\alpha}{b_l}$$

$$b_{4,3} = -b_{4,4} = -\frac{1}{b_l} \quad b_{5,7} = -b_{5,8} = \frac{1}{b_l} \quad b_{6,5} = b_{6,6} = -b_{6,7} = -b_{6,8} = \frac{1}{2h}$$

$$b_{6,9} = \frac{\sin\alpha_1 + \sin\alpha_3}{2h} \quad b_{6,10} = \frac{\sin\alpha_2 + \sin\alpha_4}{2h} \quad b_{7,11} = 1$$

矩阵 B 中其余系数 $b_{i,j}(i=1,2,\cdots,7；j=1,2,\cdots,11)$ 为零。

$$C = \begin{bmatrix} c_{ij} \end{bmatrix}_{6 \times 11}$$

$$c_{1,5} = c_{1,7} = \frac{1}{2} \quad c_{1,9} = \frac{\sin\alpha_1}{2} \quad c_{1,10} = \frac{\sin\alpha_2}{2} \quad c_{1,11} = \frac{\sin\alpha_5}{2} \quad c_{2,1} = -\sin\alpha$$

$$c_{2,3} = \cos\alpha \quad c_{3,1} = \frac{\cos 2\alpha}{2\cos\alpha} \quad c_{3,2} = \frac{1}{2\cos\alpha} \quad c_{3,3} = -\sin\alpha \quad c_{4,1} = -c_{4,2} = \frac{1}{h}$$

$$c_{5,5} = -c_{5,7} = \frac{1}{h_b} \quad c_{5,9} = \frac{\sin\alpha_1}{h_b} \quad c_{5,10} = \frac{\sin\alpha_2}{h_b} \quad c_{5,11} = \frac{\sin\alpha_5}{h_b}$$

$$c_{6,5} = \frac{\cos\alpha}{2b} + \frac{\sin\alpha\tan\alpha}{2b} - \frac{\sin\alpha}{h} \quad c_{6,6} = -\frac{\cos\alpha}{2b} - \frac{\sin\alpha\tan\alpha}{2b} \quad c_{6,7} = \frac{1}{2b_l\cos\alpha} + \frac{\sin\alpha}{h}$$

$$c_{6,8} = -\frac{1}{2b_l\cos\alpha} \quad c_{6,9} = -\frac{\sin\alpha_1\sin\alpha}{h} \quad c_{6,10} = -\frac{\sin\alpha_2\sin\alpha}{h} \quad c_{6,11} = \frac{\sin\alpha_5\sin\alpha}{h}$$

矩阵 C 中其余系数 $c_{i,j}(i=1,2,\cdots,6;\ j=1,2,\cdots,11)$ 为零。

$$D = \left[d_{ij} \right]_{6\times 11}$$

$$d_{1,6} = d_{1,8} = \frac{1}{2} \quad d_{1,9} = \frac{\sin\alpha_3}{2} \quad d_{1,10} = \frac{\sin\alpha_4}{2} \quad d_{1,11} = \frac{\sin\alpha_6}{2} \quad d_{2,1} = -\sin\alpha$$

$$d_{2,4} = \cos\alpha \quad d_{3,1} = \frac{\cos 2\alpha}{2\cos\alpha} \quad d_{3,2} = \frac{1}{2\cos\alpha} \quad d_{3,4} = \sin\alpha \quad d_{4,1} = -d_{4,2} = \frac{1}{h}$$

$$d_{5,6} = -d_{5,8} = \frac{1}{h_b} \quad d_{5,9} = \frac{\sin\alpha_3}{h_b} \quad d_{5,10} = \frac{\sin\alpha_4}{h_b} \quad d_{5,11} = \frac{\sin\alpha_6}{h_b}$$

$$d_{6,5} = \frac{\cos\alpha - \sin\alpha\tan\alpha}{2b} \quad d_{6,6} = \frac{1}{2b\cos\alpha} \quad d_{6,7} = \frac{1}{2b_l\cos\alpha} - \frac{\sin\alpha}{h}$$

$$d_{6,8} = \frac{1}{2b_l\cos\alpha} \quad d_{6,9} = \frac{\sin\alpha_3\sin\alpha}{h} \quad d_{6,10} = \frac{\sin\alpha_4\sin\alpha}{h} \quad d_{6,11} = -\frac{\sin\alpha_6\sin\alpha}{h}$$

矩阵 D 中其余系数 $d_{i,j}(i=1,2,\cdots,6;\ j=1,2,\cdots,11)$ 为零。

5）薄壁箱梁梁段单元混凝土的总体刚度矩阵

前述对围成薄壁箱梁梁段单元的各板梁子单元进行了分析,得到了各板梁子单元的刚度矩阵,并给出了箱梁梁段单元整体位移模式与其板梁子单元位移参数之间转换矩阵的显式。在变分原理能量法的基础上,组拼各板梁子单元刚度矩阵,建立薄壁箱梁梁段单元混凝土的总体刚度矩阵。

由式(2-13)和式(2-49),可得箱梁顶板子单元混凝土的应变能 π_u 为:

$$\pi_u = \frac{1}{2}\{d_u\}^{\mathrm{T}}[K_u]\{d_u\} = \frac{1}{2}\{d\}^{\mathrm{T}}\begin{bmatrix} A & 0 \\ 0 & A \end{bmatrix}^{\mathrm{T}}[K_u]\begin{bmatrix} A & 0 \\ 0 & A \end{bmatrix}\{d\} \qquad (2\text{-}53)$$

同理,由式(2-18)、式(2-26)、式(2-32)及式(2-50)、式(2-51)、式(2-52)可

得箱梁底板子单元、左腹板子单元及右腹板子单元混凝土的应变能 π_l、π_{fl}、π_{fR} 分别为：

$$\pi_l = \frac{1}{2}\{d_l\}^T[K_l]\{d_l\} = \frac{1}{2}\{d\}^T\begin{bmatrix} B & 0 \\ 0 & B \end{bmatrix}^T[K_l]\begin{bmatrix} B & 0 \\ 0 & B \end{bmatrix}\{d\} \quad (2\text{-}54)$$

$$\pi_{fl} = \frac{1}{2}\{d_{fl}\}^T[K_{fl}]\{d_{fl}\} = \frac{1}{2}\{d\}^T\begin{bmatrix} C & 0 \\ 0 & C \end{bmatrix}^T[K_{fl}]\begin{bmatrix} C & 0 \\ 0 & C \end{bmatrix}\{d\} \quad (2\text{-}55)$$

$$\pi_{fR} = \frac{1}{2}\{d_{fR}\}^T[K_{fR}]\{d_{fR}\} = \frac{1}{2}\{d\}^T\begin{bmatrix} D & 0 \\ 0 & D \end{bmatrix}^T[K_{fR}]\begin{bmatrix} D & 0 \\ 0 & D \end{bmatrix}\{d\} \quad (2\text{-}56)$$

薄壁箱梁梁段单元混凝土的总势能为：

$$\pi = \pi_u + \pi_l + \pi_{fl} + \pi_{fR} - \{F\}^T\left[\{d_i\}^T \quad \{d_j\}^T\right]^T \quad (2\text{-}57)$$

将式(2-53)～式(2-56)代入式(2-57)，再根据变分原理有：

$$\left(\begin{bmatrix} A & 0 \\ 0 & A \end{bmatrix}^T[K_u]\begin{bmatrix} A & 0 \\ 0 & A \end{bmatrix} + \begin{bmatrix} B & 0 \\ 0 & B \end{bmatrix}^T[K_l]\begin{bmatrix} B & 0 \\ 0 & B \end{bmatrix} + \right.$$

$$\left.\begin{bmatrix} C & 0 \\ 0 & C \end{bmatrix}^T[K_{fl}]\begin{bmatrix} C & 0 \\ 0 & C \end{bmatrix} + \begin{bmatrix} D & 0 \\ 0 & D \end{bmatrix}^T[K_{fR}]\begin{bmatrix} D & 0 \\ 0 & D \end{bmatrix}\right)\left\{\begin{matrix} \{d_i\} \\ \{d_j\} \end{matrix}\right\} = \{F\} \quad (2\text{-}58)$$

式中：$[K_u]$、$[K_l]$、$[K_{fl}]$、$[K_{fR}]$——为箱梁顶板、底板、左腹板、右腹板子单元混凝土的单元刚度矩阵，已在板梁子单元分析中给出，转换矩阵 A、B、C、D 已在上述分析中确定。

于是，薄壁箱梁梁段单元混凝土的总体刚度矩阵 $[K]$ 为

$$[K] = \begin{bmatrix} A & 0 \\ 0 & A \end{bmatrix}^T[K_u]\begin{bmatrix} A & 0 \\ 0 & A \end{bmatrix} + \begin{bmatrix} B & 0 \\ 0 & B \end{bmatrix}^T[K_l]\begin{bmatrix} B & 0 \\ 0 & B \end{bmatrix} +$$

$$\begin{bmatrix} C & 0 \\ 0 & C \end{bmatrix}^T[K_{fl}]\begin{bmatrix} C & 0 \\ 0 & C \end{bmatrix} + \begin{bmatrix} D & 0 \\ 0 & D \end{bmatrix}^T[K_{fR}]\begin{bmatrix} D & 0 \\ 0 & D \end{bmatrix} \quad (2\text{-}59)$$

由式(2-59)，并引入记号 $\{\delta\} = \left[\{d_i\}^T \quad \{d_j\}^T\right]^T$，式(2-58)简化为：

$$[K]\{\delta\} = \{F\} \quad (2\text{-}60)$$

由此，就可按一般位移有限元方法进行计算分析。

本节利用板梁有限单元法给出了钢筋混凝土薄壁箱梁结构中混凝土材料的刚度矩阵，并以正交单室梯形截面箱形梁给出了计算的全过程。对于多室箱梁、斜交箱梁及曲线箱梁，根据薄壁箱梁力学行为为梁特征的特点，仍可将组成箱梁的各板件视为板梁子单元，对相应各板梁子单元进行分析，从而可得到多室箱梁、斜交箱梁及曲线箱梁中混凝土材料的刚度矩阵。

2.2.2　箱梁组合式加筋混凝土有限元模式

通常采用的钢筋混凝土结构的有限元模型可分为三类:分离式、整体式和组合式。分离式将混凝土和钢筋划分在不同的单元中,钢筋和混凝土之间插入联接单元来模拟这两种材料之间的粘结和滑移。这种模式考虑问题比较细致、合理,但所用的单元类型及数量多,计算效率不高,难以适应大型结构分析的需要;整体式将钢筋混凝土等效成一种材料,处理过于简单,不能很好地描述材料的各种非线性行为;组合式是在一个单元中同时考虑钢筋和混凝土两种材料的特性,一般假定两种材料之间没有相对滑移。Isenberg 和 Adham 的正交异性钢筋混凝土模式、Zienkiewicz 等的含钢筋薄膜的混凝土模式是较常用的两种组合模式。前者假定钢筋均匀弥散在整个单元中,加筋的方向与主应力方向一致;后者假定钢筋薄膜中加筋的方向与单元局部坐标(自然坐标)方向一致,且仅含一层钢筋薄膜。较之分离式,这两种模式在一定程度上提高了计算效率,但由于简化太多,与实际情况相差甚远。

为适应大型钢筋混凝土结构分析的需要,提高计算效率,采用钢筋混凝土薄壁箱梁结构分析的组合式加筋混凝土有限元模式[72]。这种模式可考虑因混凝土开裂引起的单元内钢筋与混凝土变形不协调产生的混凝土拉伸硬化和钢筋销栓作用,单元刚度矩阵中包含了混凝土和钢筋两种材料对单元刚度矩阵的贡献,数值分析结果表明,采用钢筋混凝土薄壁箱梁结构分析的组合式加筋混凝土有限元模式划分单元数量少,但计算精度和效率都大大提高。

1) 模式的基本特征

对预应力混凝土箱梁分析所采用的组合式加筋混凝土有限元模式的基本特征如下:

(1)在有限元离散时,表现为三维等参单元,不存在与其他单元连接上的困难。

(2)单元中包含钢筋和混凝土两种材料,两种材料在单元边界上变形协调。

(3)每个板梁子单元中,钢筋分布在相互正交的三个方向(X_1,X_2,X_3)上,并且加筋主方向与单元划分方向之间存在任意夹角,网格生成方便。

假定在每个板梁子单元中,钢筋沿彼此相互正交的三个方向分布,其中一个方向上的钢筋由于分布较均匀或受力较均匀,可将这个方向(沿板厚度方向)上的钢筋在单元中均匀弥散,另外两个加筋方向组成的曲面称为加筋面,若板梁子单元自然坐标系为 szn,沿板纵向(长度方向)取为 z 轴,沿板宽方向为 s 轴,厚度方向为 n 轴,板横截面质心为坐标原点,可知:

①当钢筋是直筋时(直线型箱梁配筋情形),设加筋面与自然坐标原点处的

sz 面之切平面 s_0z_0 面平行,并假定加筋的方向与自然坐标轴之间存在任意夹角($\alpha=0$ 为正交箱梁情况,$\alpha\neq0$ 为斜交箱梁情况),如图 2-7 所示。

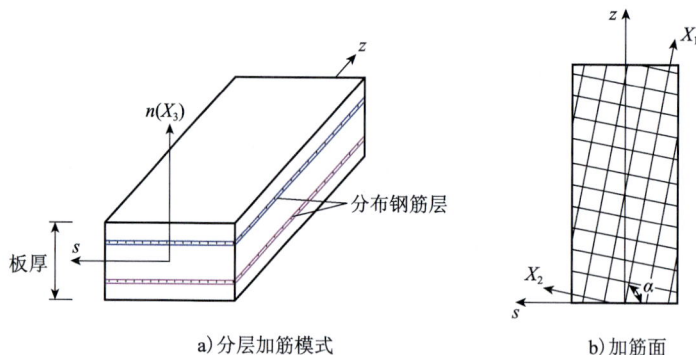

a)分层加筋模式   b)加筋面

图 2-7　直筋情形

②当钢筋是曲筋时(曲线形箱梁配筋情形),设加筋面与自然坐标面 sz 重合,且加筋方向与坐标轴平行,如图 2-8 所示。

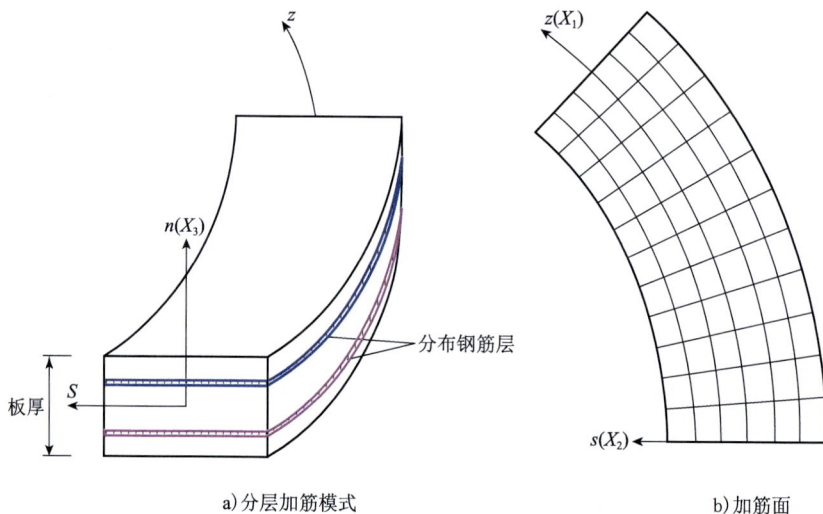

a)分层加筋模式   b)加筋面

图 2-8　曲筋情形

(4)钢筋在混凝土中是弥散分布的或是多层配置的,层的数量和位置可以根据实际配筋任意调整,图 2-7 和图 2-8 示意了两层钢筋薄膜配筋情形。

在每个板梁子单元中,将与加筋面垂直方向(n 方向)上的钢筋在单元内均匀弥散,而与加筋面平行分布在相互垂直的两个方向上的钢筋,则采用如下方法处理:

这两个方向上的钢筋在加筋面内弥散,直筋情形具有均匀弥散度,而曲筋情形则具有非均匀弥散度。沿加筋面的法线方向(n 方向),若这两个方向上的钢筋分布较均匀时,可将钢筋在该方向均匀弥散,即弥散加筋;若这两个方向上的钢筋分布不均匀时,可简化成几个等效的钢筋薄膜,并假定不同的薄膜在直筋情形具有相互平行的加筋方向,且钢筋的密度(等效厚度)不一样,同一层钢筋薄膜中,两个加筋方向的等效厚度也是不一样的,即分层加筋,如图 2-7 和图 2-8 所示。

(5)在单元分析中,考虑了因混凝土开裂引起的单元内钢筋与混凝土变形不协调产生的混凝土拉伸硬化和钢筋销栓作用。

2)计入钢筋贡献的单元刚度矩阵及内力等效结点荷载向量

根据以上所描述的模式第 2 基本特征,将钢筋混凝土箱梁中每个板梁子单元刚度矩阵 K_A 分解为包括混凝土和钢筋两种材料对单元刚度矩阵贡献的两部分,即

$$K_A = K_c + K_s \tag{2-61}$$

式中:K_c——混凝土部分的刚度;

　　K_s——钢筋部分的刚度。

$$K_c = \int_\Omega B^T D_c B \, |J| \, \mathrm{d}s\mathrm{d}z\mathrm{d}n \tag{2-62}$$

式中:B——应变矩阵;

　　D_c——混凝土的本构系数矩阵;

　　$|J|$——Jacobi 行列式。

当混凝土未开裂时,K_c 可直接采用 2.2.1 节中箱梁各板梁子单元分析中的各板梁子单元混凝土刚度矩阵。

$$K_s = \int_V B^T D_s B \mathrm{d}V \tag{2-63}$$

式中:D_s——钢筋的弹塑性系数矩阵;

　　V——积分域。

单元内力等效结点载荷向量也分为两部分之和

$$F = F_c + F_s \tag{2-64}$$

式(2-64)中，

$$F_c = \int_\Omega B^T \sigma_c \mid J \mid \mathrm{d}s\mathrm{d}z\mathrm{d}n \quad (\sigma_c \text{ 是混凝土中的应力}) \tag{2-65}$$

$$F_s = \int_V B^T \sigma_s \mathrm{d}V \quad (\sigma_s \text{ 是钢筋中的应力}) \tag{2-66}$$

以下讨论 K_s 和 F_s 的计算。

如图 2-7 所示，在以三个加筋方向为坐标轴方向的 $X_1 X_2 X_3$ 体系中，钢筋轴向应力—应变关系为：

$$\begin{Bmatrix} d\sigma_1 \\ d\sigma_2 \\ d\sigma_3 \end{Bmatrix} = \begin{bmatrix} E_1 & 0 & 0 \\ 0 & E_2 & 0 \\ 0 & 0 & E_3 \end{bmatrix} \begin{Bmatrix} d\varepsilon_1 \\ d\varepsilon_2 \\ d\varepsilon_3 \end{Bmatrix} \tag{2-67}$$

式中：E_1、$d\sigma_1$、$d\varepsilon_1$——X_1 方向的杨氏模量、应力增量和应变增量；

E_2、$d\sigma_2$、$d\varepsilon_2$——X_2 方向的杨氏模量、应力增量和应变增量；

E_3、$d\sigma_3$、$d\varepsilon_3$——X_3 方向的杨氏模量、应力增量和应变增量。

总体坐标系为 xyz，从总体坐标下的增量应变向量到 $X_1 X_2 X_3$ 坐标下的增量应变向量的转换矩阵为 L，则有

$$\begin{bmatrix} d\varepsilon_1 & d\varepsilon_2 & d\varepsilon_3 & d\gamma_{12} & d\gamma_{13} & d\gamma_{23} \end{bmatrix}^T = L \begin{bmatrix} d\varepsilon_x & d\varepsilon_y & d\varepsilon_z & d\gamma_{xy} & d\gamma_{xz} & d\gamma_{yz} \end{bmatrix}^T \tag{2-68}$$

$$L = \begin{bmatrix} l_1^2 & m_1^2 & n_1^2 & l_1 m_1 & l_1 n_1 & m_1 n_1 \\ l_2^2 & m_2^2 & n_2^2 & l_2 m_2 & l_2 n_2 & m_2 n_2 \\ l_3^2 & m_3^2 & n_3^2 & l_3 m_3 & l_3 n_3 & m_3 n_3 \\ 2l_1 l_2 & 2m_1 m_2 & 2n_1 n_2 & l_1 m_2 + l_2 m_1 & l_1 n_2 + l_2 n_1 & m_1 n_2 + m_2 n_1 \\ 2l_1 l_3 & 2m_1 m_3 & 2n_1 n_3 & l_1 m_3 + l_3 m_1 & l_1 n_3 + l_3 n_1 & m_1 n_3 + m_3 n_1 \\ 2l_2 l_3 & 2m_2 m_3 & 2n_2 n_3 & l_2 m_3 + l_3 m_2 & l_2 n_3 + l_3 n_2 & m_2 n_3 + m_3 n_2 \end{bmatrix} \tag{2-69}$$

式中：$l_i, m_i, n_i (i = 1, 2, 3)$——$X_i$ 在总体坐标系下的三个方向余弦。

（1）弥散加筋模式

设 X_1、X_2、X_3 方向的加筋密度分别为 d_1、d_2、d_3，计算刚度矩阵时只考虑钢筋的轴向效应，则有

$$K_s = \int_V B^T L^T D_s L B \mid J \mid \mathrm{d}s \mathrm{d}z \mathrm{d}n \tag{2-70}$$

式（2-70）中，

$$D_s = \begin{bmatrix} E_1 d_1 & 0 & 0 & 0 & 0 & 0 \\ 0 & E_2 d_2 & 0 & 0 & 0 & 0 \\ 0 & 0 & E_3 d_3 & 0 & 0 & 0 \\ 0 & 0 & 0 & 0 & 0 & 0 \\ 0 & 0 & 0 & 0 & 0 & 0 \\ 0 & 0 & 0 & 0 & 0 & 0 \end{bmatrix} \tag{2-71}$$

内力等效结点向量为

$$F_s = \int_V B^T L^T \sigma_s \mid J \mid \mathrm{d}s \mathrm{d}z \mathrm{d}n \tag{2-72}$$

在所考虑的单元各积分点上的混凝土都未开裂时，钢筋的弯曲效应可以忽略，则有

$$\sigma_s = (\sigma_1 d_1, \sigma_2 d_2, \sigma_3 d_3, 0, 0, 0)^T \tag{2-73}$$

若其中某个积分结点上混凝土已开裂，则应考虑钢筋的销栓作用及拉伸硬化效应，以 σ_{ij} 表示 X_i 方向钢筋横截面上沿 X_j 方向的剪应力，则该积分点的应力向量为

$$\sigma_s = (\sigma_1 d_1, \sigma_2 d_2, \sigma_3 d_3, \tau_{12}, \tau_{13}, \tau_{23})^T \tag{2-74}$$

式（2-74）中，

$$\begin{cases} \tau_{12} = \sigma_{12} d_1 + \sigma_{21} d_2 \\ \tau_{13} = \sigma_{13} d_1 + \sigma_{31} d_3 \\ \tau_{23} = \sigma_{23} d_2 + \sigma_{32} d_3 \end{cases} \tag{2-75}$$

（2）分层加筋模式

在第三方向（n 方向）分布的钢筋，总是均匀弥散在单元中，其处理与以上情形一相同，而对另外两个方向上分布的钢筋，则根据混凝土开裂与否分别处理。

计算刚度矩阵时，只考虑钢筋的轴向效应，有

$$K_s = K_{12} + K_3 \tag{2-76}$$

式中：K_{12}——第一、第二方向上钢筋的刚度；

K_3——第三方向上钢筋的刚度。

并有

$$K_{12} = \sum_m K_{12m} \quad (m \text{ 为钢筋层号}) \tag{2-77}$$

设第 m 层钢筋薄膜的两个加筋方向 X_1、X_2 上的等效厚度分别为 t_{m1}、t_{m2}，则有第 m 层的刚度为

$$K_{12m} = \iint B^T L^T D_{12m} LBM \mathrm{d}z\mathrm{d}s \tag{2-78}$$

式（2-78）中，

$$D_{12m} = \begin{bmatrix} E_{m1}t_{m1} & 0 & 0 & 0 & 0 & 0 \\ 0 & E_{m2}t_{m2} & 0 & 0 & 0 & 0 \\ 0 & 0 & 0 & 0 & 0 & 0 \\ 0 & 0 & 0 & 0 & 0 & 0 \\ 0 & 0 & 0 & 0 & 0 & 0 \\ 0 & 0 & 0 & 0 & 0 & 0 \end{bmatrix} \tag{2-79}$$

$$\begin{cases} M = \sqrt{M_1^2 + M_2^2 + M_3^2} \\ M_i = \dfrac{\partial x_j}{\partial z}\dfrac{\partial x_k}{\partial s} - \dfrac{\partial x_j}{\partial s}\dfrac{\partial x_k}{\partial z} \end{cases} \tag{2-80}$$

式（2-80）中，指标 i,j,k 按 $1,2,3$ 顺序轮换，且 $x_1 = x, x_2 = y, x_3 = z$

内力等效结点载荷向量为

$$F_s = F_{12} + F_3 \tag{2-81}$$

式（2-81）中，

$$F_{12} = \sum_m F_{12m} \quad (m \text{ 为钢筋层号}) \tag{2-82}$$

$$F_{12m} = \iint B^T L^T \sigma_{12m} M \mathrm{d}z\mathrm{d}s \tag{2-83}$$

$$F_3 = \int_V B^{\mathrm{T}} L^{\mathrm{T}} \sigma_3 \mid J \mid \mathrm{dn dz ds} \qquad (2\text{-}84)$$

混凝土未开裂时,钢筋弯曲效应可以忽略,则各应力向量为

$$\sigma_{12m} = (\sigma_{m1} t_{m1}, \sigma_{m2} t_{m2}, 0, 0, 0, 0)^{\mathrm{T}} \qquad (2\text{-}85)$$

$$\sigma_3 = (0, 0, \sigma_3 d_3, 0, 0, 0)^{\mathrm{T}} \qquad (2\text{-}86)$$

若混凝土在某一积分点开裂,则与该积分点对应的钢筋薄膜积分点处的钢筋要考虑因混凝土开裂使得两种材料变形不协调而产生的拉伸硬化效应和销栓作用,考虑的方案与弥散模式一致。得到式(2-81)修正后的应力向量为

$$\sigma_{12m} = (\sigma_{m1} t_{m1}, \sigma_{m2} t_{m2}, 0, \tau_{12}, \tau_{13}, \tau_{23})^{\mathrm{T}} \qquad (2\text{-}87)$$

$$\sigma_3 = (0, 0, \sigma_3 d_3, 0, \sigma_{31} d_3, \upsilon_{32} d_3)^{\mathrm{T}} \qquad (2\text{-}88)$$

式(2-88)中,

$$\begin{cases} \tau_{12} = \sigma_{m12} t_{m1} + \sigma_{m21} t_{m2} \\ \tau_{13} = \sigma_{m13} t_{m1} \\ \tau_{23} = \sigma_{m23} t_{m2} \end{cases} \qquad (2\text{-}89)$$

分层模式与弥散模式处理方案的区别在于积分点的选取,分层模式的积分点坐标值在 zs 面上与混凝土一致,在 n 方向则与层的坐标值相同,而弥散模式的积分点则是与混凝土的积分点重合。

2.3　斜拉桥结构体系车辆冲击波的传播和相互作用过程

图 2-9 所示为双塔漂浮体系斜拉桥受车辆冲击波 $P(t)$ 的传递途径。现代大跨径斜拉桥一般采用密索体系,拉索锚固接头数量众多,而对主塔同一侧斜拉索的波传递途径相似,故主塔同一侧仅选取一根斜拉索进行示意。因车辆冲击荷载作用的时间、位置、方向及大小具有随机性,$P(t)$ 在主梁产生入射脉冲,对靠近墩台的入射脉冲,由主梁传递至墩台[38];远离墩台的入射脉冲 V_0,如图 2-9 所示,V_0 经过主梁—拉索接头 1 处,分别产生沿主梁传播的透射波 V_1 和沿 1 号斜拉索传播的透射波 V_2,一方面,透射波 V_1 沿主梁传播至主梁—拉索接头 2 时,再一次反射和透射,产生的透射波 V_6 沿主梁传递至边墩,另一部

分透射波 V_4 沿 2 号斜拉索传递至主塔;另一方面,透射波 V_2 由 1 号斜拉索传递至主塔,并在拉索—主塔接头 3 处发生反射和透射,产生的透射波 V_3 由主塔传递至基础。

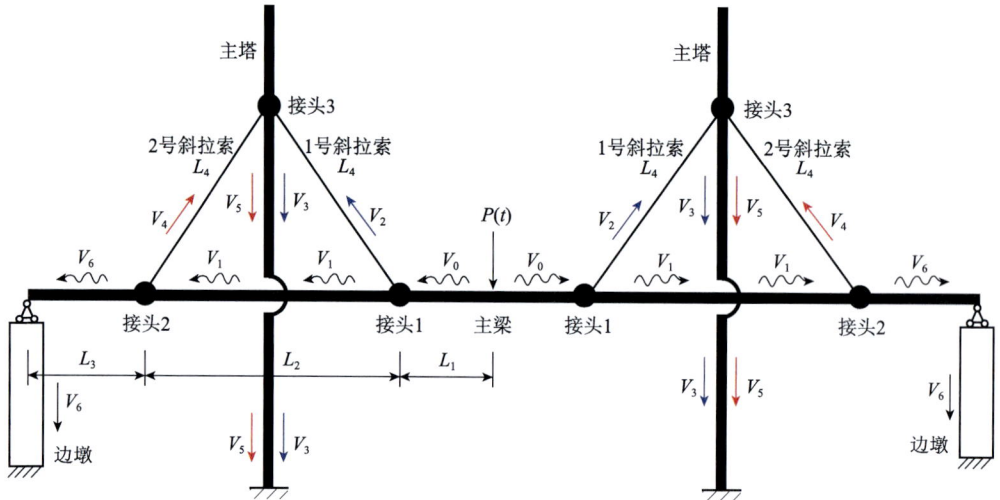

图 2-9 双塔漂浮体系斜拉桥冲击波的传递途径图

车辆荷载源行驶于桥梁某位置瞬间,冲击波尚未或刚刚达到平衡,冲击波传播、反射和相互作用的传递延时时差受传递途径的影响。由图 2-9 知,远离墩台的入射脉冲 V_0 主要通过三种途径传递至基础,途径一:$V_0 \rightarrow V_1 \rightarrow V_6 \rightarrow$ 边墩,途径二:$V_0 \rightarrow V_2 \rightarrow$ 主塔,途径三:$V_0 \rightarrow V_1 \rightarrow V_4 \rightarrow$ 主塔。各途径所需时间分别为:途径一所需时间 $T_1 = \dfrac{(L_1 + L_2 + L_3)}{C_1}$($L_1$ 为冲击荷载位置与接头 1 之间距离,L_2 为接头 1 与接头 2 之间距离,L_3 为接头 2 与边墩支座之间距离,C_1 为弯曲波在主梁中的传播速度,与主梁的截面尺寸、材料特性及弯曲波的波长等有关)。途径二所需时间 $T_2 = \dfrac{L_1}{C_1} + \dfrac{L_4}{C_2}$($L_4$ 为斜拉索的长度,C_2 包含了斜拉索中纵波和横波的传播速度,与斜拉索的材料特性、张力等因素有关)。途径三所需时间 $T_3 = \dfrac{(L_1 + L_2)}{C_1} + \dfrac{L_4}{C_2}$。那么,途径一与途径二的传递时差为:$\Delta T = T_1 - T_2 = \dfrac{L_2 + L_3}{C_1} - \dfrac{L_4}{C_2}$。当 $\Delta T = 0$ 时,入射脉冲 V_0 同时到达边墩和接头 3 处,而产生的反射波也会同时抵达接头 1 处,这种情况下,接头 1 是冲击波相互作用比较集中的位置;当 $\Delta T > 0$ 时,入射脉冲 V_0 通过途径二到达接头 3 时,而途径一中的冲击波还未抵达边墩,这种情况下,主梁中冲击波未抵达部分的刚度尚未发挥作用,且两种途径下的反射波相互作用可能引起结构局部瞬时的内力或位移大于按静荷载计算的结果;当 $\Delta T < 0$ 时,传递时差也会有类似的影响。

以上车辆移动荷载在图 2-9 所示斜拉桥结构体系达到静力平衡前的早期效应和局部效应,实际上可由车辆动载交通引起的冲击波在结构体系中传播、反射和相互作用的过程表现出来,各途径的传递时差会影响冲击波在结构体系中相互作用的时间与位置,进而影响冲击波在结构体系中趋近或达到平衡时的状态,而各构件的截面特性、材料特性、入射波的特性(如波长及频率等)会直接影响各途径的传递时差。据此,可得到车辆冲击波作用在大跨斜拉桥结构体系的各可能重要失效模式及其冲击波影响范围。

2.4　系杆拱桥结构体系车辆冲击波的传播和相互作用过程

图 2-10 所示为典型系杆拱桥结构体系受车辆交通冲击波 $P(t)$ 的传递途径。因车辆冲击荷载作用的时间、位置、方向及大小具有随机性。车辆冲击荷载 $P(t)$ 在主梁产生入射脉冲,对靠近墩台的入射脉冲,由主梁传递至墩台[38];远离墩台的入射脉冲 V_0,如图 2-10 所示,V_0 主要通过两种途径传递至基础,途径一:入射脉冲 V_0 经过吊杆下锚头处时,在主梁中产生透射波 V_1,并由主梁传递至边墩;途径二:入射脉冲 V_0 经过吊杆下锚头处时,在吊杆中产生透射波 V_2,并经吊杆往上传递至拱肋,然后由拱肋传递至主墩。

车辆荷载源行驶于桥梁某位置瞬间,冲击波尚未或刚刚达到平衡,冲击波传播、反射和相互作用的传递延时时差受传递途径的影响。设车辆冲击波在途径一所需时间为 T_1,在途径二所需时间为 T_2。那么,途径一与途径二的传递时差为:$\Delta T = T_1 - T_2$。若 $\Delta T = 0$ 时,入射脉冲 V_0 由途径一和途径二将冲击波传递至基础所需的时间相同,主梁、拱肋将通过吊索共同承担车辆荷载冲击力;若 $\Delta T > 0$ 时,入射脉冲 V_0 由途径二到达主墩时,而途径一中的冲击波还未抵达边墩,这种情况下,主梁中冲击波未抵达部分的结构刚度尚未发挥作用,且两种途径下的反射波相互作用可能引起结构局部瞬时的内力或位移大于按静荷载计算的结果;若 $\Delta T < 0$ 时,传递时差也会有类似的影响。

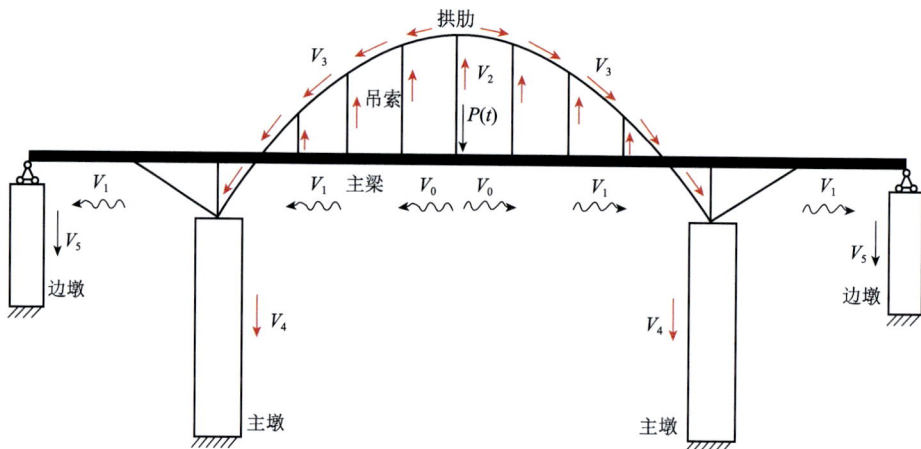

图 2-10　系杆拱桥结构体系冲击波的传递途径图

以上车辆荷载引起的冲击波在系杆拱桥结构体系的传播过程可知,车辆荷载在系杆拱桥上产生的入射脉冲大体上是通过两种途径将冲击波传递至基础:其一是通过直接承受车辆冲击的桥面板(主梁)传递至基础,即 $V_0 \rightarrow V_1 \rightarrow$ 边墩;另一种是经与主梁相连的吊杆传递,将冲击波由吊杆一端往上传递到吊杆另一端,然后经与吊杆另一端相连的拱肋传递至基础,即 $V_0 \rightarrow V_2 \rightarrow V_3 \rightarrow$ 主墩。实际上,以上车辆移动荷载在图 2-10 所示系杆拱桥结构体系达到静力平衡前的早期效应和局部效应,可由车辆荷载引起的冲击波在结构体系中传播、反射和相互作用的过程表现出来,各主要传递途径的传递时差会影响冲击波在结构体系中相互作用的时间与位置,进而影响冲击波在结构体系中趋近或达到平衡时的状态,而各构件的截面特性、材料特性、入射波的特性(如波长及频率等)会直接影响各途径的传递时差。据此,可得到车辆荷载引起的冲击波作用在系杆拱桥结构体系的各可能重要失效模式及其冲击波影响范围。

2.5　悬索桥结构体系车辆冲击波的传播和相互作用过程

图 2-11 所示为悬索桥结构体系受车辆交通冲击波 $P(t)$ 的传递途径。对悬索桥结构体系来说,车辆移动荷载 $P(t)$ 在主梁中产生入射脉冲,靠近墩台的入

射脉冲,由主梁传递至墩台[38];远离墩台的入射脉冲 V_0,如图 2-11 所示,主要通过三种途径传递至基础,途径一:入射脉冲 V_0 经主梁-吊索接头处时,在主梁中产生的透射波 V_1,并由主梁传递至边墩;途径二和三为:入射脉冲 V_0 经过主梁-吊索接头处时,在吊索中产生透射波 $V_2(V_5)$,并经吊索往上传递至悬索(主缆),然后由主缆悬索将冲击波部分传递至主塔,部分传递至锚碇。通过讨论冲击波在悬索桥结构体系各主要传播途径所需时间及传递时差,可得到大跨径悬索桥结构体系各可能重要失效模式及其冲击波影响范围。

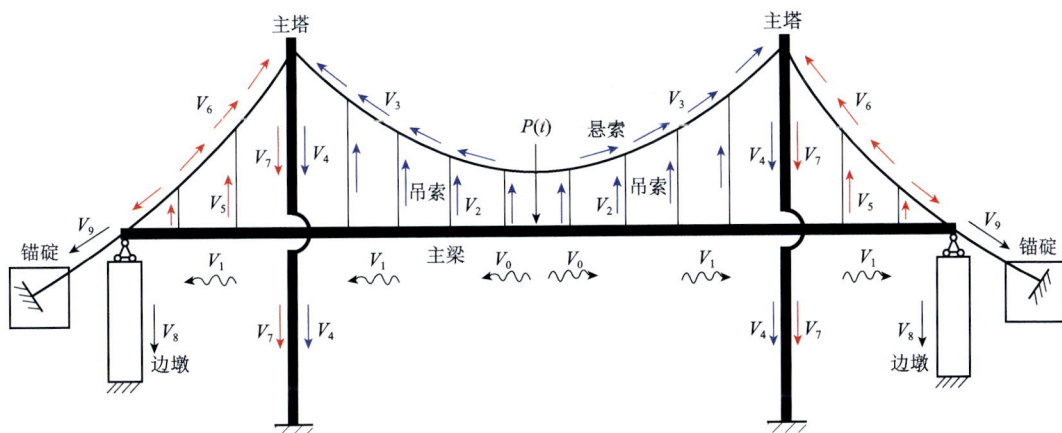

图 2-11　悬索桥结构体系冲击波的传递途径图

2.6　本 章 小 结

本章建立了车辆冲击随机小扰动表面波在索杆体系桥梁传播的二维分析模型,制定索杆体系桥梁结构体系各可能重要失效模式。研究斜拉桥、系杆拱桥、悬索桥等大跨桥梁结构体系由车辆冲击引起的随机小扰动波的传递途径对结构受力及传力效率的影响。分析斜拉桥、系杆拱桥、悬索桥等结构体系中冲击波传递途径,通过讨论小随机扰动波在索杆结构体系桥梁各主要传播途径所需时间及传递时差,可得到大跨斜拉桥、系杆拱桥、悬索桥等各可能重要失效模式及其冲击波影响范围。

依次分析斜拉桥、系杆拱桥、悬索桥等索杆体系桥梁,当桥面主梁受竖向冲击荷载产生的入射脉冲作用时,冲击波传递至基础的途径,并总结出车辆过桥传递冲击荷载(入射脉冲)的两种工况:工况1,对靠近墩台的入射脉冲,由主梁传递至墩台;工况2,远离墩台的冲击荷载,在主梁中产生的入射脉冲主要通过两种传递途径传播至基础:一种是通过主梁直接传递至基础;另一种是通过与主梁相连的拉索传递,将冲击波由拉索一端往上传递到拉索另一端,再由与拉索另一端相连的结构(主塔、悬索或拱肋)传递至基础(锚碇)。

通过讨论车辆沿桥梁(道路)纵向行驶,遇路面不平整或发动机抖动引起的随机小扰动波在桥面传递过程中的特点,以及随机小扰动波在传播过程中遇刚度差异大的不同介质界面(如拉索锚固接头区域)传播行为,解释车辆动载冲击波在传播过程中质点运动滞后现象。接着对车辆过桥,讨论随机小扰动波在工况2下大跨斜拉桥各主要传播途径所需时间及传递时差,得到大跨斜拉桥各可能重要失效模式及其冲击波影响范围;讨论随机小扰动波在工况2下大跨系杆拱桥各主要传播途径所需时间及传递时差,得到大跨系杆拱桥各可能重要失效模式及其冲击波影响范围;讨论随机小扰动波在工况2下大跨悬索桥各主要传播途径所需时间及传递时差,得到大跨悬索桥各可能重要失效模式及其冲击波影响范围。

实际索杆体系桥梁工程中,由随机车流(疲劳波谱)在索杆体系桥梁的构件间不同介质界面的传播、相互作用受到边界条件、传递途径及锚固接头类型等因素的影响,波相互作用的时间及位置又会进一步影响结构体系的局部受力,而构件之间的刚度比会影响冲击波在接头处的分配,进而影响传递途径的传力效率。因此,车辆疲劳波谱在索杆体系桥梁结构体系的传播,实际上表征了索杆体系桥梁结构体系在不同传递途径下各构件动刚度匹配,其关键是摸清拉索锚固接头区域冲击波的传播行为和相互作用,而波传播分析方法不仅在上述研究车辆动荷载对索杆体系桥梁结构体系的局部效应及早期效应分析方面具有优势,而且在厘清索、杆锚固接头处与动载的约束耦合关系方面优势明显。为此,将在第3章给出索、杆的锚固边界与车辆冲击波的约束耦合关系及其传力机理。

第3章

拉索锚固接头冲击波传播
及相互作用分析

3.1 概　述

　　桥梁工程中常将结构共振分为整体共振、构件共振和局部共振,桥梁工程实践表明:随机振动疲劳更多发生的情况是与构件共振或局部共振有关的破坏,车辆随机动态荷载激励常常会引起局部模态与荷载的振动耦合作用,而破坏的部位往往是局部共振中高应变且有缺陷或应力集中的部位,破坏是局部共振与应力集中两种因素的共同作用。从国内外公开发表的文献来看,国际上对疲劳载荷作用下的疲劳可靠性,已研究的工作主要集中在元件(构件)级水平上,研究单一危险部位(如构件与构件的接点或接头)的疲劳可靠性成为关注的重点。对大型工程失效事故原因的报道,多归因于结构体系在构件接点或接头出现疲劳或损伤问题。在索杆体系桥梁工程中,索、杆是高应力柔性构件,其两锚固端往往受到刚度较大构件(如主梁、拱肋、桥塔、主缆)的约束,由于索杆体系桥梁的各构件随服役时间延长而衰变,在车辆冲击荷载反复作用下,经常发生拉索锚固区域的局部模态与车辆荷载的振动耦合作用。同时,索、杆又是大跨径系杆拱桥、斜拉桥、悬索桥等索杆体系桥梁的高效传力构件,由于索杆体系桥梁大多为高次超静定结构,个别元件(构件)的失效并不一定会导致结构整体的破坏,而且在车辆疲劳载荷作用下,对应于结构体系失效历程的任意一个阶段,体系内的任何一个元件(构件)都会累积一定程度的损伤,且其损伤不仅取决于车辆疲劳载荷的类型、大小、分布和分散程度,还与前序失效元件(构件)的情况有关,从而使得结构体系的疲劳可靠性分析困难重重。因此,面临当前公路桥梁高速、大运载量的发展方向,如何从桥梁工程结构整体可靠性基本思想来模拟索杆体系桥梁结构体系的局部构件受车辆荷载作用的冲击响应,摸清处于复杂边界约束的索、杆锚固接头对车辆荷载的传力行为和拉索动力响应是大跨公路索杆体系桥梁运营安全亟须解决的关键问题。当前对于索、杆锚固接头所处几何及力学边界的动应力传递途径和疲劳损伤机理方面的研究基本是空白,明显滞后于索杆体系桥梁工程实践。

由第 2 章大跨公路索杆体系桥梁基于波传播的车-桥耦合振动分析可知,公路索杆体系桥梁服役期间车辆疲劳波谱在索杆体系桥梁各主要传递途径上的传播,实际上表征了索杆体系桥梁在不同传递途径下各构件动刚度匹配,而结构体系中构件之间的刚度比会影响冲击波在锚固接头处的分配,进而影响各传递途径的传力效率,其关键是厘清索杆体系桥梁中索(杆)锚固接头与车辆荷载的约束耦合关系,而波传播理论是研究索、杆结构所处边界约束的最佳工具之一。本章研究车辆冲击波在索杆体系桥梁传播过程中遇刚度差异大的不同介质界面(如拉索锚固接头区域)传播行为,揭示索、杆锚固接头对车辆动载的传力机理。由于索杆体系桥梁不同、接头数量众多,应分类研究索、杆锚固接头传力行为和疲劳损伤机理。为说明科学问题的方便,依据第 2 章车辆冲击波在索杆体系桥梁各构件传递的先后次序和索杆体系桥梁构造特点,本章讨论索杆体系桥梁的索、杆锚固区接头三种基本类型:梁-索接头、索-塔(拱肋)接头、悬索-吊索接头。其中,梁-索接头区别于索-塔(拱肋)接头,是由于初始入射波不同。梁-索接头是梁与吊索或者梁与斜拉索的锚固端连接,梁-索接头的初始入射波是作用在主梁上的车辆移动荷载产生;索-塔(拱肋)接头是斜拉索与主塔或者吊索与拱肋的锚固端连接,索-塔(拱肋)接头的初始入射波是由梁-索接头处在索中产生的透射波。随着索杆体系桥梁结构体系的创新,新型索杆体系桥梁将会出现更多的索、杆锚固接头类型。本章仅选取索杆体系桥梁中常规锚固区接头,分类建立冲击波在拉索锚固接头的传播分析模型,定量分析拉索端部结构对其弹性约束影响,揭示拉索锚固接头对动载的传力机理和拉索动力响应。

3.2　索杆体系桥梁的拉索振动测试

从桥梁设计规范和桥梁检测角度上,关注的是结构整体或构件的低阶振动频率。比如对主梁一般是基频;对索杆体系桥梁的索、杆一般是前 3 阶的频率。图 3-1 是目前对索杆体系桥梁的索、杆索力测量应用最广泛的振动法索力测定技术基本过程,通过如图 3-1 所示拉索振动频率换算得到索力。通常桥梁检测传感器的频响范围是 0.1~100Hz,在此范围内的结构和拉索频率的测量精度是有保证的,甚至能将测量误差控制在万分之一左右,研究者们已经提出了多种较成熟的基于白噪声激励的模态参数识别方法。然而,高于 100Hz 的振动频率由于不在传感器的频率识别范围而被滤波。实际上,索杆体系桥梁服役期间索、杆锚固接头局部区域,受行驶车辆冲击力作用,经常处于高频振动状态。因此,现有基于振动频率法测定索力技术因略去了高阶频率而不能识别索、杆锚固区域的真实索动力响应,在应用于索、杆锚固边界与车辆荷载的约束耦合时无能为力。

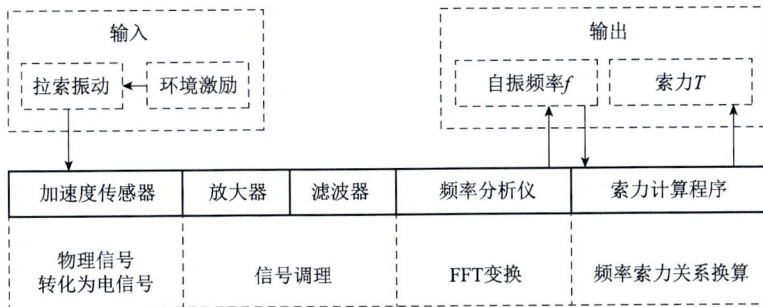

图 3-1　振动法索力测定基本过程

桥梁缆索智能检测机器人是采用“检测机器人”对索(杆)进行损伤检查和振动测试。如图 3-2 所示,机器人顺着吊杆由下向上匀速爬行,在爬行过程中对吊杆的 PE 护套的刮损、破损,内部钢丝的断丝、锈蚀等进行自动检测、分析,准确判断缺陷位置,拾取指定位置的振动信号,实时传输检测数据,神经网络学习智能识别索、杆状态,自动输出检测和振动测试结果并形成报告,为索杆体系桥梁的索、杆精细化检测提供依据。

图 3-2 桥梁缆索智能检测机器人对索杆体系桥梁拉索振动测试及检测

通过桥梁缆索智能检测机器人对实际服役索杆体系桥梁单根索、杆的振动测试及检测,可获取拉索结构内部参数对索动力特性影响的一些基本数据,具体包括:①吊杆在冲击荷载作用下,索力沿索长分布不均匀现象;②吊杆长度变化、倾角变化对索动力的影响;③索杆体系桥梁结构体系中,与吊杆两端相连结构的刚度比变化时,对吊杆动力的影响;④吊杆初始索力值变化时,对吊杆动力的影响。找出这些参数对索动力的影响规律,这将有利于在索、杆建模过程中分辨所分析问题的主要影响因素和次要影响因素,确定模型中相关参数的取值,提高建模及参数识别的准确性。

3.3　梁-索锚固接头冲击波传播及相互作用分析

桥梁专用商业计算软件,采用索(杆)两端与结构的锚固连接为刚臂,与索杆体系桥梁在随机车辆移动荷载作用下索、杆的锚固边界情况不符。本节根据索杆体系桥梁中索、杆构造和传力特点,建立索(杆)的下锚固端接头冲击波传播理论模型,编制相应的索(杆)下锚固接头 MATLAB 动力响应程序,可为桥梁商业软件提供技术支持。这个阶段侧重于建立索、杆下锚固端锚固接头局部细节模型,索构件仅考虑轴向受拉刚度,忽略其抗弯刚度影响。

3.3.1　梁-索锚固接头冲击波传播理论模型

图 3-3 所示为梁 1、索 2 和梁 3 组成的梁-索锚固接头冲击波传播模型,可用于分析车辆冲击荷载在主梁与吊索,或主梁与斜拉索锚固处冲击波传播规律。结构中各构件材料均是各向同性,且变形在线弹性范围内,与应变率无关。梁与索的夹角为 α,梁 1 受到外部冲击荷载 v_0,在锚固接头处产生

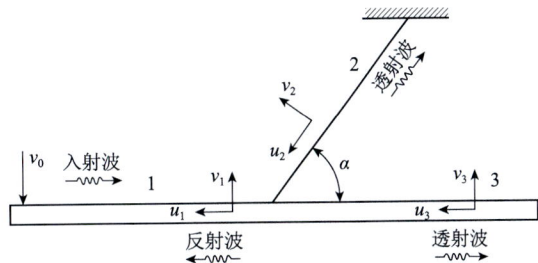

图 3-3　梁-索锚固接头冲击波传播理论模型

反射波引起的质点纵向位移 u_1 及质点横向位移 v_1、拉索锚固接头处透射波对应的质点纵向位移 u_2 及 u_3、质点横向位移 v_2 及 v_3。图 3-4 和图 3-5 分别示出梁-索锚固接头处受力示意图和位移及转角的约定正方向。

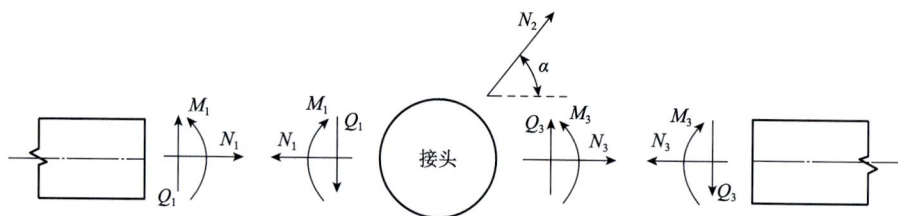

图 3-4　梁-索锚固接头处受力示意图

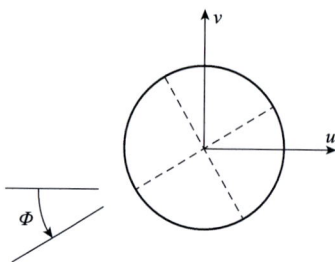

图 3-5　接头位移及转角的约定正方向示意图

3.3.2　梁-索锚固接头冲击波分配控制方程

利用达朗贝尔原理,梁—索锚固接头有动力学方程:

$$
\left.
\begin{aligned}
-N_1 + N_2\cos\alpha + N_3 &= m_j \frac{\partial^2 u}{\partial t^2} \\[2mm]
-Q_1 + N_2\sin\alpha + Q_3 &= m_j \frac{\partial^2 v}{\partial t^2} \\[2mm]
-M_1 + Q_1 \frac{L}{2} + M_3 + Q_3 \frac{L}{2} &= I_j \frac{\partial^2 \phi}{\partial t^2}
\end{aligned}
\right\}
\qquad (3\text{-}1)
$$

式中:u、v——接头的位移;

ϕ——接头的转角;

m_j——接头质量;

I_j——接头惯性矩;

L——梁 1 和梁 3 的长度。

接头处的内力 N_1、N_2、N_3、Q_1、Q_3、M_1 和 M_3 可以由各构件内力分析得到:

$$N_1 = E_1 A_1 \frac{\partial u_1}{\partial x_1} \quad Q_1 = -E_1 I_1 \frac{\partial^3 v_1}{\partial x_1^3} \quad M_1 = E_1 I_1 \frac{\partial^2 v_1}{\partial x_1^2}$$

$$N_2 = E_2 A_2 \frac{\partial u_2}{\partial x_2}$$

$$N_3 = E_1 A_1 \frac{\partial u_3}{\partial x_3} \quad Q_3 = -E_1 I_1 \frac{\partial^3 v_3}{\partial x_3^3} \quad M_3 = E_1 I_1 \frac{\partial^2 v_3}{\partial x_3^2} \tag{3-2}$$

式中：E_1——梁 1 和梁 3 的弹性模量；

$\quad A_1$——梁 1 和梁 3 的截面面积；

$\quad I_1$——梁 1 和梁 3 的截面惯性矩；

E_2、A_2——索 2 的弹性模量、截面积。

根据梁-索锚固接头各构件在接头处的位移协调性得到：

$$u_1 + (4u_2\cos\alpha + v_2\sin\alpha) = 0$$

$$v_1 + (-u_2\sin\alpha + v_2\cos\alpha) = 0$$

$$u_1 = -u_3$$

$$v_1 = -v_3 \tag{3-3}$$

入射波、反射波及透射波对应的波形可表示成式(3-4)[18,115]：

$$v_0 = \sum_n B_{0n} e^{i\omega_n(t - x_1/c_1)}$$

$$u_1 = \sum_n B_{1n} e^{i\omega_n(t - x_1/c_0)} \quad v_1 = \sum_n \left(B_{2n} e^{-ik_1 x_1} + B_{3n} e^{-k_2 x_1}\right) e^{i\omega_n t}$$

$$u_2 = \sum_n B_{4n} e^{i\omega_n(t - x_2/c_2)} \quad v_2 = \sum_n B_{5n} e^{i\omega_n(t - x_2/c_2')}$$

$$u_3 = \sum_n B_{6n} e^{i\omega_n(t - x_3/c_0)} \quad v_3 = \sum_n \left(B_{7n} e^{-ik_1 x_3} + B_{8n} e^{-k_2 x_3}\right) e^{i\omega_n t} \tag{3-4}$$

式中：c_0 和 c_1——分别为梁中纵波和弯曲波的传播速度；

$\quad c_2$ 和 c_2'——分别为索中纵波和横波的传播速度。

各波形表达式中取一项进行讨论，即 $n = 1$，假设接头处为原点，即 $x_1 = x_2 = x_3 = 0$，那么联立式(3-1)~式(3-4)，可得到式(3-5)：

$$H_1 B_1 + H_2 B_4 + H_3 B_6 + H_4 B_7 + H_5 B_8 = 0$$

$$H_6 B_2 + H_7 B_3 + H_8 B_4 + H_9 B_6 + H_{10} B_7 + H_{11} B_8 = H_{12} B_0$$

$$H_{13} B_2 + H_{14} B_3 + H_{15} B_7 + H_{16} B_8 = H_{17} B_0$$

$$-B_1 + B_4 \cos\alpha + B_5 \sin\alpha = 0$$

$$-B_2 - B_3 + B_4 \sin\alpha - B_5 \cos\alpha = -B_0 \qquad\qquad (3\text{-}5)$$

$$-B_1 - B_6 + H_{18} B_7 + H_{19} B_8 = 0$$

$$-B_2 - B_3 + H_{20} B_7 + H_{21} B_8 = -B_0$$

$$ik_1 B_2 + k_2 B_3 + ik_1 B_7 + k_2 B_8 = H_{22} B_0$$

式（3-5）写成矩阵形式：

$$[H][B] = [F] \qquad\qquad (3\text{-}6)$$

将式（3-6）换成如下的表达式：

$$[B] = [H]^{-1}[F] \qquad\qquad (3\text{-}7)$$

式（3-6）中：

$$[B] = [B_1 \quad B_2 \quad B_3 \quad B_4 \quad B_5 \quad B_6 \quad B_7 \quad B_8]^{T} \qquad\qquad (3\text{-}8)$$

$$[F] = [0 \quad H_{12}B_0 \quad H_{17}B_0 \quad 0 \quad -B_0 \quad 0 \quad -B_0 \quad H_{22}B_0]^{T} \qquad\qquad (3\text{-}9)$$

$$[H] = \begin{bmatrix} H_1 & 0 & 0 & H_2 & 0 & H_3 & H_4 & H_5 \\ 0 & H_6 & H_7 & H_8 & 0 & H_9 & H_{10} & H_{11} \\ 0 & H_{13} & H_{14} & 0 & 0 & 0 & H_{15} & H_{16} \\ -1 & 0 & 0 & \cos\alpha & \sin\alpha & 0 & 0 & 0 \\ 0 & -1 & -1 & \sin\alpha & -\cos\alpha & 0 & 0 & 0 \\ -1 & 0 & 0 & 0 & 0 & -1 & H_{18} & H_{19} \\ 0 & -1 & -1 & 0 & 0 & 0 & H_{20} & H_{21} \\ 0 & ik_1 & k_2 & 0 & 0 & 0 & ik_1 & k_2 \end{bmatrix} \qquad (3\text{-}10)$$

式(3-10)中,影响矩阵$[H]$中各项如下式所示:

$$H_1 = E_1 A_1 \frac{i\omega}{c_0} \quad H_2 = -E_2 A_2 \frac{i\omega}{c_2}\cos\alpha \quad H_3 = -E_1 A_1 \frac{i\omega}{c_0}$$

$$H_4 = 0 \quad H_5 = 0 \quad H_6 = -E_1 I_1 i k_1^3 - m_j \omega^2$$

$$H_7 = E_1 I_1 k_2^3 - m_j \omega^2 \quad H_8 = -E_2 A_2 \frac{i\omega}{c_2}\sin\alpha \quad H_9 = 0$$

$$H_{10} = -E_1 I_1 i k_1^3 \quad H_{11} = E_1 I_1 k_2^3 \quad H_{12} = -E_1 I_1 \left(\frac{\omega}{c_1}\right)^3 - m_j \omega^2$$

$$H_{13} = -E_1 I_1 k_1^2 + E_1 I_1 i k_1^3 \frac{L}{2} \quad H_{14} = E_1 I_1 k_2^2 - E_1 I_1 k_2^3 \frac{L}{2}$$

$$H_{15} = -E_1 I_1 k_1^2 - E_1 I_1 i k_1^3 \frac{L}{2} - I_j i k_1 \omega^2 \quad H_{16} = E_1 I_1 k_2^2 + E_1 I_1 k_2^3 \frac{L}{2}$$

$$H_{17} = E_1 I_1 \left(\frac{\omega}{c_1}\right)^3 \frac{L}{2} i - E_1 I_1 \left(\frac{\omega}{c_1}\right)^2 \quad H_{18} = 0$$

$$H_{19} = 0 \quad H_{20} = -1 - L i k_1 \quad H_{21} = -1 - L k_2 \quad H_{22} = \frac{i\omega}{c_1}$$

$$(3\text{-}11)$$

式(3-7)给出梁-索锚固接头处冲击波传播的影响矩阵,通过影响矩阵可以求解出锚固接头处的反射波和透射波 $B_1 \sim B_8$ 八个未知数。

利用 MATLAB 编制梁-索锚固接头冲击波传播动力响应程序 WAVEGCJ。

3.4　索-塔(拱肋)锚固接头冲击波传播及相互作用分析

本节根据索杆体系桥梁中索、杆构造和传力特点,建立索(杆)的上锚固端接头冲击波传播理论模型,编制相应的索(杆)上锚固接头 MATLAB 动力响应程序,可为桥梁商业软件提供技术支持。这个阶段侧重于建立索、杆上锚固端锚固接头局部细节模型,索构件仅考虑轴向受拉刚度,忽略其抗弯刚度影响。

3.4.1 索-塔(拱肋)锚固接头冲击波传播理论模型

图 3-6 所示为索-塔(拱肋)锚固接头冲击波传播理论模型,索 1、塔(或拱肋)2 和塔(或拱肋)3 组成的索-塔(拱肋)锚固接头,可用于分析斜拉桥中斜拉索与主塔,或拱桥中吊索与拱肋的锚固接头处冲击波传播规律。锚固接头区域各构件材料均是各向同性,且变形在线弹性范围,索 1 与塔(或拱肋)2 的夹角为 α,塔(或拱肋)2 与塔(或拱肋)3 的夹角为 β,考虑到索只能承受拉伸波,即质点运动方向与波的传播方向相反,图 3-6 示出索有入射波纵波 u_0 传播情况,u_1、u_2、u_3 表示各构件质点的纵向位移,v_1、v_2、v_3 表示质点横向位移。当索轴力 N_1 通过接头中心时,接头只有平动,而没有转动,受力如图 3-7 所示。

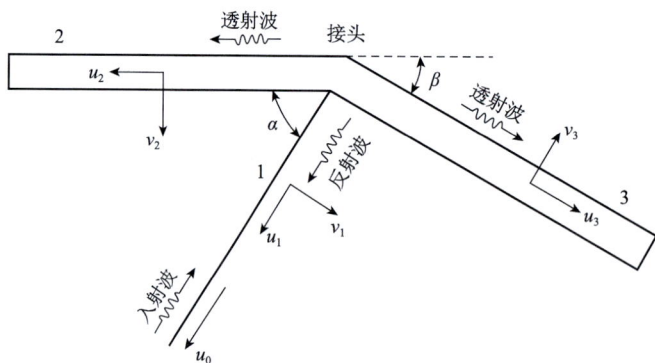

图 3-6　索-塔(拱肋)锚固接头冲击波传播理论模型

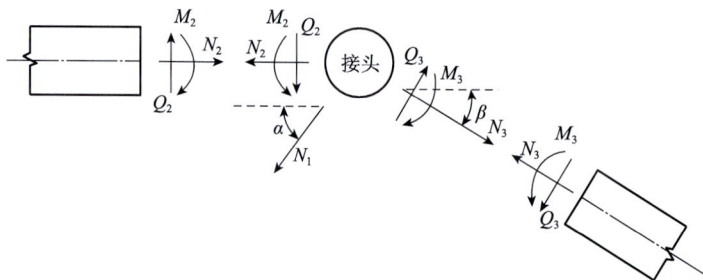

图 3-7　索-塔(拱肋)锚固接头处受力示意图

3.4.2　索-塔(拱肋)锚固接头冲击波分配控制方程

利用达朗贝尔原理,索-塔(拱肋)锚固接头有动力学方程:

$$
\left.
\begin{aligned}
E_1 A_1 \frac{\partial u_0}{\partial x_1}\sin\alpha + E_1 A_1 \frac{\partial u_1}{\partial x_1}\sin\alpha + E_2 I_2 \frac{\partial^3 v_2}{\partial x_2^3} - E_3 I_3 \frac{\partial^3 v_3}{\partial x_3^3}\cos\beta + E_3 A_3 \frac{\partial u_3}{\partial x_3}\sin\beta = m_j \frac{\partial^2 v_2}{\partial t^2} \\
E_1 A_1 \frac{\partial u_0}{\partial x_1}\cos\alpha + E_1 A_1 \frac{\partial u_1}{\partial x_1}\cos\alpha + E_2 A_2 \frac{\partial u_2}{\partial x_2} - E_3 I_3 \frac{\partial^3 v_3}{\partial x_3^3}\sin\beta - E_3 A_3 \frac{\partial u_3}{\partial x_3}\cos\beta = m_j \frac{\partial^2 u_2}{\partial t^2}
\end{aligned}
\right\}
$$

$$(3\text{-}12)$$

式中:$E_1 A_1$、$E_2 A_2$——分别为索及塔(或拱肋)的轴向抗拉刚度;

　　　　m_j——接头质量;

　　　　$E_2 I_2$——塔(或拱肋)的抗弯刚度。

依据索-塔(拱肋)锚固接头处的位移协调性得到:

$$
\left.
\begin{aligned}
-(u_0 + u_1)\cos\alpha + v_1\sin\alpha &= u_2 \\
u_2 &= v_3\sin\beta + u_3\cos\beta \\
-(u_0 + u_1)\sin\alpha - v_1\cos\alpha &= v_2 \\
v_2 &= v_3\cos\beta - u_3\sin\beta
\end{aligned}
\right\}
$$

$$(3\text{-}13)$$

索中入射纵波波形 u_0 用下式进行表达[18,115]:

$$u_0 = \sum_n B_{0n} e^{i\omega_n(t - x_1/c_0)} \tag{3-14}$$

式中:c_0——索中纵波的传播速度。

由 u_0 引起的索冲击端的索入射轴力 N_0 如下式所示:

$$N_0 = E_1 A_1 \frac{\partial u_0}{\partial x_1} = E_1 A_1 \sum_{n=0}^{N} B_{0n}\left(-\frac{i\omega_n}{c_0}\right) e^{i\omega_n(t - x_1/c_0)} \tag{3-15}$$

索—塔(拱肋)锚固接头处反射波及透射波波形假设成如下式所示[18,115]:

$$
\left.
\begin{aligned}
u_1 &= \sum_n B_{1n} e^{i\omega_n(t - x_1/c_1)} & v_1 &= \sum_n B_{2n} e^{i\omega_n(t - x_1/c_1')} \\
u_2 &= \sum_n B_{3n} e^{i\omega_n(t - x_2/c_2)} & v_2 &= \sum_n B_{4n} e^{i\omega_n(t - x_2/c_2')} \\
u_3 &= \sum_n B_{5n} e^{i\omega_n(t - x_3/c_3)} & v_3 &= \sum_n B_{6n} e^{i\omega_n t - x_3/c_3')}
\end{aligned}
\right\}
$$

$$(3\text{-}16)$$

式中:c_1、c_1'——索中纵波、横波传播速度;

c_2、c_3——塔(或拱肋)中纵波传播波速度;

c_2'和c_3'——塔(或拱肋)中弯曲波的传播波速度。

各波形表达式中取一项进行讨论,即 $n=1$,假设接头处为原点,即 $x_1=x_2=x_3=0$,联立式(3-12)和式(3-13)六个冲击波传播控制方程,可得到如下表达式:

$$[N][B]=[Q] \tag{3-17}$$

式(3-17)中:

$$[N]=\begin{bmatrix} -\cos\alpha & \sin\alpha & -1 & 0 & 0 & 0 \\ 0 & 0 & 1 & 0 & -\cos\beta & -\sin\beta \\ \sin\alpha & \cos\alpha & 0 & 1 & 0 & 0 \\ 0 & 0 & 0 & 1 & \sin\beta & -\cos\beta \\ -E_1A_1\dfrac{i\omega}{c_1}\sin\alpha & 0 & 0 & E_2I_2i\left(\dfrac{\omega}{c_2'}\right)^3+m_j\omega^2 & -E_3A_3\dfrac{i\omega}{c_3}\sin\beta & -E_3I_3i\left(\dfrac{\omega}{c_3'}\right)^3\cos\beta \\ -E_1A_1\dfrac{i\omega}{c_1}\cos\alpha & 0 & -E_2A_2\dfrac{i\omega}{c_2}+m_j\omega^2 & 0 & E_3A_3\dfrac{i\omega}{c_3}\cos\beta & -E_3I_3i\left(\dfrac{\omega}{c_3'}\right)^3\sin\beta \end{bmatrix}$$

$$\tag{3-18}$$

$$[B]=\begin{bmatrix} B_1 & B_2 & B_3 & B_4 & B_5 & B_6 \end{bmatrix}^T \tag{3-19}$$

$$[Q]=\begin{bmatrix} B_0\cos\alpha & 0 & -B_0\sin\alpha & 0 & B_0E_1A_1\dfrac{i\omega}{c_0}\sin\alpha & B_0E_1A_1\dfrac{i\omega}{c_0}\cos\alpha \end{bmatrix}^T$$

$$\tag{3-20}$$

由公式(3-17)可以求解出 $B_1 \sim B_6$ 六个未知数,如式(3-21)所示:

$$[B]=[N]^{-1}[Q] \tag{3-21}$$

利用 MATLAB 编制索-塔(拱肋)锚固接头冲击波传播动力响应程序 WAVECTJ。当与索相连上部构件(塔或拱肋)的刚度为无限大和无限小两种特殊情况时,应用本章锚固接头程序得到的结果与经典解析解相同,初步验证了本章锚固接头理论分析模型的正确性。

3.5　悬索-吊索锚固接头冲击波传播及相互作用分析

　　悬索-吊索锚固接头模拟对象是悬索桥主缆与吊索的上锚固端连接,根据悬索桥中主缆与吊索构造和传力特点,悬索-吊索锚固接头的初始入射波是由梁-索锚固接头处在吊索中产生的透射波。悬索-吊索锚固接头区别索-塔(拱肋)锚固接头,是由于与索相连的上锚固端构件的刚度不同,主缆(悬索)的抗弯刚度远小于斜拉桥的主塔和拱桥的拱肋。本节建立悬索-吊索锚固端接头冲击波传播理论模型,编制主缆和吊索锚固接头 MATLAB 动力响应程序,可为桥梁商业软件提供技术支持。这个阶段侧重于建立主缆与吊索锚固接头局部细节模型,索构件仅考虑轴向受拉刚度,忽略其抗弯刚度影响。

3.5.1　悬索-吊索锚固接头冲击波传播理论模型

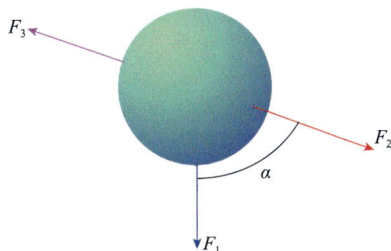

　　图 3-8 所示为悬索-吊索锚固接头处冲击波传播理论模型,吊索与悬索夹角为 α,入射波 u_0 在悬索-吊索锚固接头处进行分配,用于分析冲击波在吊索与悬索桥主缆连接处冲击波传播规律。当然,对于多索股吊索与主缆连接接头,冲击波在接头处的反射、透射及相互作用更加复杂,而单根吊索结构的分析方法是最根本的解决思路。

　　将悬索-吊索锚固接头视为刚性球,球体半径为主缆截面半径 r,只考虑悬索和吊索承受轴向拉伸,则悬索-吊索锚固接头受到吊索轴力 F_1 及悬索轴力 F_2、F_3 的作用,如图 3-9 所示。

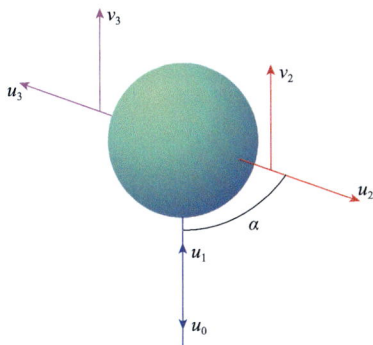

图 3-8　悬索-吊索锚固接头冲击波传播理论模型　　图 3-9　悬索-吊索锚固接头处受力示意图

3.5.2 悬索-吊索锚固接头冲击波分配控制方程

利用达朗贝尔原理,悬索-吊索锚固接头有动力学方程:

$$\left.\begin{array}{l} E_1A_1\dfrac{\partial u_0}{\partial x_1}+E_1A_1\dfrac{\partial u_1}{\partial x_1}+E_2A_2\dfrac{\partial u_2}{\partial x_2}\cos\alpha-E_2A_2\dfrac{\partial u_3}{\partial x_3}\cos\alpha=m_j\left(\dfrac{\partial^2 u_0}{\partial t^2}+\dfrac{\partial^2 u_1}{\partial t^2}\right)\\[3mm] E_2A_2\dfrac{\partial u_2}{\partial x_2}\sin\alpha-E_2A_2\dfrac{\partial u_3}{\partial x_3}\sin\alpha=m_j\dfrac{\partial u_2}{\partial t}\sin\alpha+m_j\dfrac{\partial^2 v_2}{\partial t^2}\cos\alpha \end{array}\right\}$$

$$(3\text{-}22)$$

式中:m_j——接头的质量。

设ρ_1为接头的密度,则接头的质量为:

$$m_j=\frac{4}{3}\pi r^3\rho_1 \qquad (3\text{-}23)$$

悬索-吊索锚固接头处入射波、反射波及透射波波形假设成如式(3-24)所示[18,115]:

$$\left.\begin{array}{ll} u_0=\sum_{n=0}^{N}C_{0n}e^{i\omega_n\left(t-\frac{x_1}{c_0}\right)} & u_1=\sum_{n=0}^{N}C_{1n}e^{i\omega_n\left(t-\frac{x_1}{c_0}\right)}\\[3mm] u_2=\sum_{n=0}^{N}C_{2n}e^{i\omega_n\left(t-\frac{x_2}{c_1}\right)} & v_2=\sum_{n=0}^{N}C_{3n}e^{i\omega_n\left(t-\frac{x_2}{c_2}\right)}\\[3mm] u_3=\sum_{n=0}^{N}C_{4n}e^{i\omega_n\left(t-\frac{x_3}{c_1}\right)} & v_3=\sum_{n=0}^{N}C_{5n}e^{i\omega_n\left(t-\frac{x_3}{c_2}\right)} \end{array}\right\}$$

$$(3\text{-}24)$$

式中:c_0——吊索中纵波波速;

$\quad c_1$——悬索中纵波波速;

$\quad c_2$——悬索中横波波速。

入射波u_0取第一项进行分析,可得式(3-25):

$$u_0=C_0e^{i\omega\left(t-\frac{x_1}{c_0}\right)} \qquad (3\text{-}25)$$

反射波与透射波的频率和入射波相同,取第一项进行分析,即为ω,则由式(3-24)可得:

$$\left.\begin{aligned}
u_1 &= C_1 e^{i\omega\left(t - \frac{x_1}{c_0}\right)} \\
u_2 &= C_2 e^{i\omega\left(t - \frac{x_2}{c_1}\right)} \quad v_2 = C_3 e^{i\omega\left(t - \frac{x_2}{c_2}\right)} \\
u_3 &= C_4 e^{i\omega\left(t - \frac{x_3}{c_1}\right)} \quad v_3 = C_5 e^{i\omega\left(t - \frac{x_3}{c_2}\right)}
\end{aligned}\right\} \tag{3-26}$$

根据悬索-吊索锚固接头处位移协调性得到：

$$\left.\begin{aligned}
u_2 \sin\alpha + v_2 \cos\alpha &= -u_3 \sin\alpha + v_3 \cos\alpha \\
u_0 - u_1 &= v_2 \sin\alpha - u_2 \cos\alpha \\
u_0 - u_1 &= v_3 \sin\alpha + u_3 \cos\alpha
\end{aligned}\right\} \tag{3-27}$$

将式(3-23)、(3-25)及(3-26)代入由式(3-22)和(3-27)组成的五个方程，可求解出系数 $C_1 \sim C_5$，如式(3-28)所示：

$$[C] = [G]^{-1}[F] \tag{3-28}$$

式(3-28)中：

$$[G] = \begin{bmatrix}
0 & \cos\alpha & \sin\alpha & \cos\alpha & -\sin\alpha \\
-1 & \sin\alpha & -\cos\alpha & 0 & 0 \\
-1 & 0 & 0 & -\cos\alpha & -\cos\alpha \\
G_2 & G_3 & G_4 & 0 & 0 \\
0 & G_5 & 0 & G_6 & 0
\end{bmatrix} \tag{3-29}$$

$$[C] = \begin{bmatrix} C_1 & C_2 & C_3 & C_4 & C_5 \end{bmatrix}^T \tag{3-30}$$

$$[F] = \begin{bmatrix} 0 & -C_0 & -C_0 & -G_1 C_0 & 0 \end{bmatrix}^T \tag{3-31}$$

$$\left.\begin{aligned}
G_1 &= E_1 A_1 \frac{i\omega}{c_0} + m_j i\omega \qquad G_2 = E_1 A_1 \frac{i\omega}{c_0} + m_j i\omega \\
G_3 &= -E_2 A_2 \frac{i\omega}{c_1} \qquad G_4 = E_2 A_2 \frac{i\omega}{c_1}\sin\alpha \\
G_5 &= -E_2 A_2 \frac{i\omega}{c_1}\cos\alpha - m_j i\omega\cos\alpha \qquad G_6 = E_2 A_2 \frac{i\omega}{c_1}\cos\alpha
\end{aligned}\right\} \tag{3-32}$$

利用 MATLAB 编制悬索-吊索锚固接头冲击波传播动力响应程序 WAV-ESCJ。取吊索与悬索夹角 $\alpha = \dfrac{\pi}{2}$ 的特殊情况来讨论,由式(3-22)和(3-27)可得到: $u_2 = u_3 = 0$ $u_1 = -u_0$ $v_2 = v_3 = 2u_0$,由此可知,当吊索与悬索夹角 $\alpha = \dfrac{\pi}{2}$ 时, u_2、u_3 为 0,反射波引起的吊索轴力 $E_1 A_1 \dfrac{\partial u_0}{\partial x_1} + E_1 A_1 \dfrac{\partial u_1}{\partial x_1}$ 为 0, v_2、v_3 幅值为入射波 u_0 的两倍,冲击波在悬索-吊索锚固接头处的传播规律与经典解析解得到的结论一致,初步验证本节所建立的悬索-吊索锚固接头冲击波传播控制方程的正确性。

3.6　本章小结

本章依据车辆随机小扰动波在索杆体系桥梁各构件传递的先后次序和索、杆锚固接头构造特点,分析车辆冲击波在索杆体系桥梁结构构件间刚度差异大的索、杆锚固接头区域,首次提出基于波传播分析的车-桥耦合振动方法,建立了索(杆)锚固接头冲击波传播理论模型,编制了波传播理论的索(杆)锚固接头动力响应程序,定量研究拉索端部结构在车辆冲击荷载作用下对索弹性约束影响,精细化分析大跨公路索杆体系桥梁的索、杆锚固接头与车辆荷载的约束耦合关系。

利用达朗贝尔原理,建立索、杆锚固接头冲击波传播理论模型和二维波动控制方程,通过分析车辆荷载产生的冲击波在索杆体系桥梁和结构构件间不同界面的传播、反射和相互作用的过程,研究车辆冲击波在索、杆锚固区接头处的传播行为,给出拉索锚固接头处冲击波分配微分控制方程,考虑锚固接头处位移协调性,将入射波、反射波及透射波的波形方程代入控制方程求解,得到入射波通过锚固接头的影响矩阵,量化吊杆锚固接头对车辆冲击荷载的响应,用 MATLAB 编制冲击波传播接头分配程序。具体包括:①梁-索锚固接头冲击波传播理论模型,梁-索锚固接头处的传力机理,编制相应的 MATLAB 计算程序;②索-塔(拱肋)锚固接头冲击波传播理论模型,索-塔(拱肋)锚固接头处的传力机理,编制相应的 MATLAB 计算程序;③悬索-吊索锚固接头冲击波传播模型,悬索-吊索锚固接头处的传力机理,编制相应的 MATLAB 计算程序。

　　将本章拉索锚固接头理论研究成果,接入大型通用有限元软件 ANSYS 平台上,并升级桥梁缆索智能检测机器人,拾取指定位置的振动信号,实时传输检测数据,神经网络学习智能识别索、杆锚固接头状态,为索杆体系桥梁的索、杆精细化检测提供依据。

第 4 章

拉索结构精细化分析的动态有限元法

4.1 概　　述

　　索、杆结构的内力状态与其振动特性在数学上存在一定对应关系,索、杆结构的动力特性,能在一定程度上反映出其受力状况。为扩大振动法测索力适用范围,提高拉索内力识别精度,第 3 章给出了基于冲击波传播的索、杆锚固接头精细化分析方法,实际上,运营状态下索、杆结构所处的几何及力学边界往往比较复杂,采用以往简化的索、杆结构分析模型,在很多情况下不能准确识别拉索内力。例如,因拉索自身阻尼低,极易在气候环境及车辆荷载作用下发生振动,过大振幅的拉索振动不仅给行人带来心理恐慌,还影响桥梁的安全使用性,为了有效减小拉索的气候环境等引起振动问题,目前新建的悬索桥和斜拉桥大都安装了各种类型的减振架或阻尼器,这就使得这些拉索索力识别变得复杂,若忽略减振架、阻尼器及多支承点等对拉索自振频率的影响,仍将拉索视为无中间支撑的单跨结构,将无法准确识别其索力。而对于旧桥,建造时可能没有安装减振架或阻尼器,但运营期间拉索振幅过大,维修养护时可能对其新增安装减振架或阻尼器,这就导致维修后拉索状态较成桥之初发生了改变,若仍采用施工过程中标定的索力-频率关系,将导致结果的严重偏差甚至谬误。随着系杆拱桥、斜拉桥、悬索桥跨径纪录的不断刷新,大跨索杆体系桥梁整体趋于轻柔,拉索越来越长,通过安装各种减振装置对拉索的振动进行控制越来越常见。有限元法作为一种成熟的数值计算方法,有其明显的优势,只要选取的单元形函数足够准确,且对结构的实际边界约束恰当,当单元划分足够精细时,采用有限元法对拉索进行模态分析,可适应实际拉索结构复杂多变的工作状态及结构动力特性分析,有限元数值解作为一种近似解,可以接近甚至达到精确解答。

采用有限元法进行分析时,沿索长方向将拉索分为若干单元,同时考虑拉索几何刚度的影响,在预先假定索力一定的前提下进行模态分析,得到相应索力作用下结构的各阶自振频率,再将理论分析得到的频率与实测频率进行比较,如果理论分析得到的各阶频率与实测频率接近,表明所取的假定索力为实测索力,如果理论分析得到的各阶频率与实测频率相差较大,则必须重新修改索力值,并重新进行计算。利用有限元分析软件 ANSYS 可进行上述方法的计算。但为了获取几何刚度矩阵,必须首先进行考虑应力刚化的静力分析,然后在此基础上进行有限元模态分析。上述方法的求解精度与拉索结构各参数取值的精度有关,且需要不断的试算,效率不高。

本章在有限元模态分析基础上,结合拉索结构的构造和振动特点,选取轴拉梁振型函数精确解作为插值函数,基于能量变分原理,建立精细化分析拉索结构的动态有限元力学分析模型,结合索力搜索和参数识别技术,形成拉索结构精细化分析的动态有限元法,利用 MATLAB 编制相应的计算程序,通过 UPFs 的二次开发技术,将构造的单元接入有限元分析软件 ANSYS 平台上,提高拉索索力识别的准确性。

4.2 拉索结构动态有限元法索力识别的基本思路

拉索结构动态有限元法索力识别的基本思路就是从拉索有限元振动模拟上转化为索力有限元识别。由已知索力通过有限元模态分析获得自振频率,称为索力有限元振动模拟;相反,由已知频率进行有限元振动识别计算获取相应的索力,称为索力有限元识别。从数学角度上,拉索结构的动态有限元法索力识别的核心就是从有限元振动模拟计算所采用的特征值问题求解转化为有限元振动识别计算所采用的特征值反问题求解。由于直接求解特征值反问题在数学上具有难度,所以如何解决这个特征值反问题就成为索力有限元识别的关键。从索力测定角度上,采用解析法标定的计算公式,对已知索力求频率或已知频率求索力,目的性非常明确,计算公式反映出索力-频率对应关系的显式函数表达式,而采用有限元法求解,往往难以直接表达出索力-频率关系的显式。

索力有限元识别不可避免地需要求解特征值反问题。根据有限元进行数值计算的特点,在拉索振动模态分析模拟的基础上,利用索力搜索和参数识别技术,制定合理的索力判断准则,将索力有限元识别问题转化为优化问题来解决。通过拉索模态分析的反复试算,最终确定合理的索力。合理的索力判断准则是以实测拉索的振动频率为依据,只采用某阶实测振动频率,则形成索力搜索准则,对采用实测多阶振动频率,则形成参数识别优化准则,实际上,索力搜索准则可视为参数识别优化准则的单参数特性。所以通过制定合理索力判断准则,将有限元特征值反问题转化为优化问题来求解,可以有效避免直接求解特征值反问题带来的困难,从而形成拉索结构的有限元索力识别法。

拉索结构的有限元模态分析具有唯一解,即在已知拉索结构的结构刚度矩阵、结构质量矩阵和边界条件下,拉索的各阶频率是唯一的,但有限元特征值反问题并非具有唯一解,即已知拉索结构部分阶次的频率(完全阶次的频率难以获得),求解拉索结构的刚度矩阵、结构质量矩阵和边界条件中的某个参数或多个参数不是唯一的,因此,索力有限元识别具有其合理性,而非唯一性。然而,拉索结构的有限元识别法中最核心问题是要识别出索力参数,索力与频率具有一一对应关系,前提是拉索结构的其他参数(线密度、减振器刚度、单元刚度等)准确取值;对多参数识别时,由于变量的增加会导致优化问题中具有多个局部最优,而保证沿索长分布的局部真实索力就是全局最优,此时,需要通过制定索力优化准则,界定多参数的取值范围来实现。比如,可借助图4-1三维激光雷达和图像遥感数据,从吊杆动力响应对频域的线形拟合出发,以拟合误差的最小化为求解目标,找出最合理的索力。

对于索力的取值范围,可利用第3章拉索锚固接头冲击波传播及相互作用分析得到结果来界定索力在索端部的取值,从而缩小了索力的取值范围,为索力识别提供了合理的搜索区间。

本章提出的拉索结构精细化分析的动态有限元法是拉索结构有限元模态分析和索力有限元识别法的融合,综合运用动力学、有限元、参数识别及优化、振动频率法索力测试、三维激光雷达和影像遥感数据、人工智能等多种理论和技术方法进行索力识别。利用该方法,首先进行有限元模态模拟,通过建立拉索结构精细化分析的动态有限元计算模型,选取合适的单元(采用动态轴拉梁单元),计入边界条件的影响,得到拉索结构的有限元动力方程,求解特征值问题,获得拉索结构的固有频率和振型。然后结合索力搜索或参数识别等优化理论,把索力当成自变量,在适当的范围内以一定的步长对索力进行搜索,找出最合理的索力。该方法每搜索一次,需要进行一次有限元模态计算。拉索结构动态有限元法索力识别的基本思路如图 4-2 所示。

图 4-1　FARO 三维激光云点扫描悬索桥主缆及吊索线形图

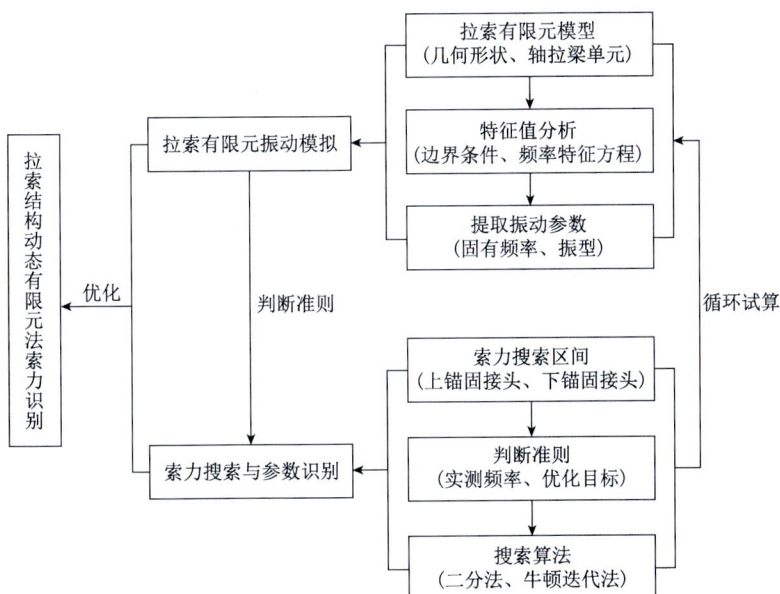

图 4-2　拉索结构动态有限元法索力识别基本思路

4.3　复杂边界约束的拉索结构有限元模型

根据拉索结构构造特点和振动特征,本章采用带初始内力拉索结构有限元模型,充分考虑拉索结构的细部构造,包括减振器(架)的减振刚度、拉索近梁端防护套筒、附加质量块、锚头端部的约束边界及多支点弹性(黏弹性)支撑边界等。

带初始内力拉索结构动态有限元的优势是能准确模拟桥梁索、杆复杂边界约束,可以充分考虑拉索结构的细部构造。如图 4-3 所示为精细化分析黏弹性多支承拉索结构的有限元模型(其中,k_1,,k_3 为索两端横向约束支撑刚度,k_2,k_4 为索两端横向转动约束刚度,c_1,c_2 为考虑索两端黏弹性影响在竖向引入的阻尼系数,这些与拉索相连的端部结构对其弹性约束影响参数,可依据第 3 章索两锚固端约束分析来确定这些影响参数取值,k,c 为考虑多支点黏弹性影响在竖向引入的弹簧和阻尼的系数,可依据索实际构造情况确定),在有限元模型划分单元时,将多支承点划分为有限元节点。如图 4-4 所示为悬索桥上带减振架的长吊索简化分析模型。长吊索的单根索股的长度一般都大于 20m,由四索股和设在索组中间的减振架连成一组的长吊索结构,为说明多索股长吊索可简化为单根吊索结构的分析思路,先将长吊索上端视为铰支边界,长吊索的下端视为固支边界(长吊索上、下锚固端部实际约束边界可依据第 3 章拉索锚固端部约束分析来确定),那么,其四索股计算模型如图 4-4a)所示,减振架刚度较吊索大很多,相当于一刚体质量块,如图 4-4b)所示,在制定索力的搜索区间时,考虑到吊索结构的振动响应可分解成单根拉索的振动响应之和,由于减振架的影响,导致吊索顺桥向和横桥向的约束刚度不一样,从而单股吊索在顺桥向和横桥向的约束形式或刚度不一样,把单股吊索下半部分从吊索结构分离出来,如图 4-4c)所示,对其进行单独分析,把该索股的上半部分给予的竖向弹性约束和扭转弹性约束,分别以一根等效的竖向弹簧和一根等效扭转弹簧代替,对减振架给予的水平转动和沿 x、y 方向的平动约束,分别以一根等效的扭转弹簧和一根顺桥向、一根横桥向等效弹簧代替,下端仍视为固结,如图 4-4c)所示,该模型轴向弹簧刚度和扭转弹簧刚度由吊索的材料和几何尺寸确定,横向弹簧刚度与吊索内力值是一一对应的,因此对应不同阶次的实测频率,计算所得的索力值是一致的,顺桥向和横桥向弹簧互不相关,所以可以通过实测多阶频率来识别弹簧刚度。

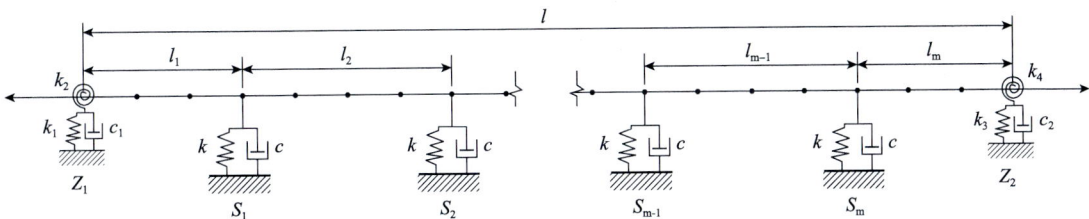

图 4-3　多支承黏滞阻尼器拉索结构精细有限元模型

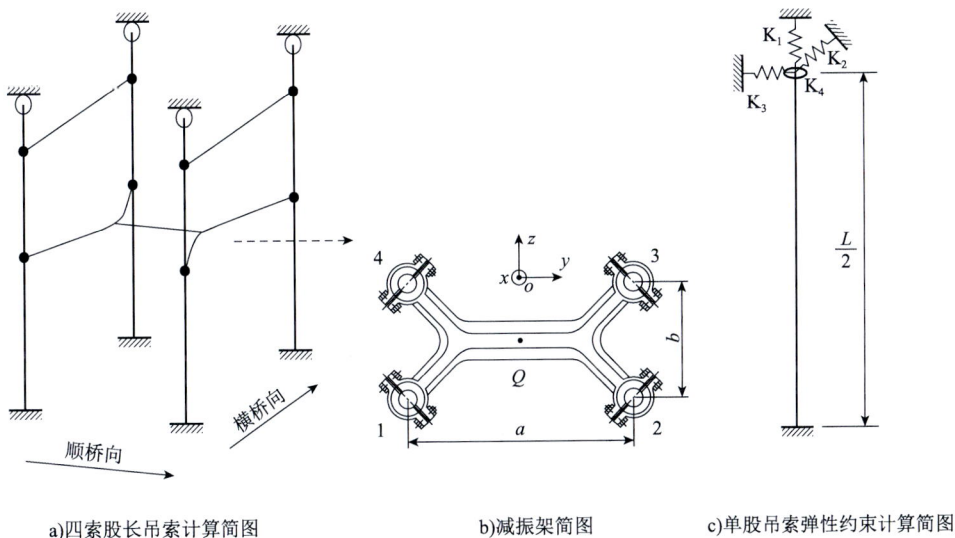

a)四索股长吊索计算简图　　　　b)减振架简图　　　　c)单股吊索弹性约束计算简图

图 4-4　悬索桥上带减振架的长吊索简图

4.4　拉索结构精细化分析的动态有限元模型

基于 Przemieniecki 动态有限元基本思想[117],选取轴拉梁动力方程振型函数精确解作为插值函数,讨论轴拉梁单元和动态轴拉梁单元选用的插值函数形式及其精度。

4.4.1　有限元计算模型

如图 4-5 所示,为一典型具有初始张力的拉索结构力学模型计算简图。其

中 kz_1 和 kz_2 为考虑端部边界条件影响而引入的转动弹簧,其取值可根据第 3 章拉索锚固端约束分析来确定,而 $ks_1 \sim ks_n$ 为 n 个竖向弹性支撑。建立拉索结构的有限元计算模型,需对拉索结构进行离散分析,并确定拉索的几何形状、边界条件和荷载情况。

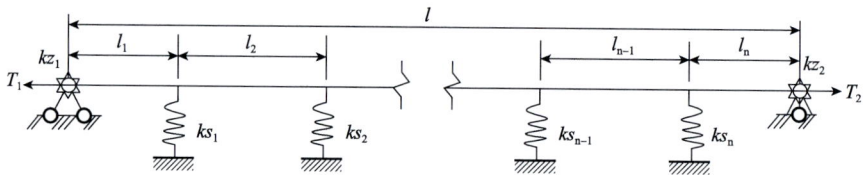

图 4-5　拉索结构力学模型计算简图

1) 拉索结构有限元离散模型

建立拉索结构系统的有限元离散模型时,将每个弹性支撑点划分为有限元节点,如图 4-6 为拉索结构有限元分析的离散模型图。

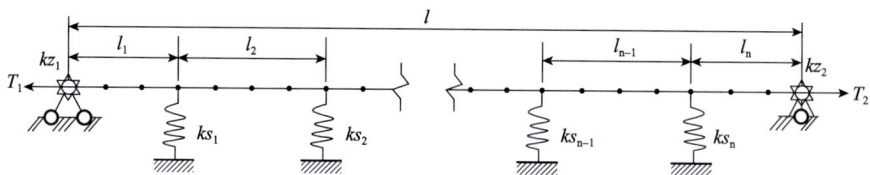

图 4-6　拉索结构有限元离散模型图

2) 拉索的几何形状

建立拉索结构的有限元计算模型时,要尽可能使模型逼近拉索结构真实的几何形状,但适当的简化能使计算效率提高。对于长度较短的拉索,可用直线作为其模型形状,由于短索的垂度影响小,以直线模拟拉索的形状有足够的精度。而对于长索,必须考虑垂度和斜度的影响,这就需要确定拉索的几何形状。为简化计算,拉索几何形状可采用具有斜度的二次抛物线。理论上已经证明,若假定拉索的重量沿弦长均匀分布,那么拉索的几何形状是二次抛物线。但为精确计算,必须采用具有斜度的悬链线,因为实际拉索的重量是沿索形曲线均匀分布的,这种情况下拉索的几何形状是悬链线。

根据拉索实际情况及分析精度要求,选取相应的拉索几何线形方程,通过索形曲线方程可求得任意点的坐标,因此,对离散后拉索有限元计算模型的每个节点,可通过索形曲线方程来确定其坐标。

3)拉索的边界条件

采用有限元法识别拉索索力,相比解析法而言,可方便地考虑拉索所处的复杂边界条件。比如简支边界、固支边界、弹性支撑边界和端部质量等,只需在拉索有限元模型中相应的边界节点处施加相应的约束,而不像解析法那样针对不同的边界求出不同的解析表达式,并且,目前常见的解析表达式只适用于简支和固支边界,而对弹性支撑边界和端部质量情况下无法给出解析解。

对拉索靠近两端布置有减振器的拉索,解析法只能近似处理成单跨的情形,而采用有限元法进行分析,将减振器用弹性支座模拟。划分单元时,将弹性支座放在节点位置,并考虑支座处弹簧刚度影响,在形成拉索单元刚度矩阵时,将支座处弹簧刚度的贡献加在所在单元的自由度方向上,通常带减振的具有初始张力的拉索有限元力学模型简图如图4-6所示。

4)拉索的荷载

采用有限元法分析拉索结构,可以考虑拉索在自重及初始索张力作用下索力分布情况,有利于较真实地模拟拉索的振动特性,从而准确识别索力。在建立有限元模型时,首先对拉索在各种荷载(包括初始索张力和重力等荷载)下进行静力分析,获取拉索的应力分布,然后进行有限元模态分析,获取拉索振动频率,最后利用参数识别技术,识别最合理的索力。

4.4.2　单元刚度和质量矩阵

采用有限元法对拉索结构的振动特性分析,需要选取适当的形函数,推导单元刚度矩阵和单元质量矩阵,然后根据有限元离散模型形成矩阵的对号入座法则[118],组装成总刚度和总质量矩阵,最后引入边界条件,求解拉索结构的自振频率方程,进行特征值分析。

采用的插值函数不同,将形成不同的形函数及单元刚度矩阵和单元质量矩阵。为较为真实地认识并模拟拉索的振动特性,本章将拉索模拟为轴拉梁,分别采用多项式及动力方程精确解两种不同的插值函数对轴拉梁进行有限元分析,给出各自的形函数,推导出相应的单元刚度矩阵和单元质量矩阵。

1)采用多项式作为插值函数

(1)形函数

将拉索模拟成轴拉梁,能计入拉索的抗弯刚度,可以计算刚性索,而当抗弯刚度很小时,就退化成柔性索。轴拉梁的自由度有 4 个,分别为单元两端的横向位移和转角,而转角可通过横向位移求导获得。梁横向位移可采用沿梁纵向 x 的三次多项式来描述,设轴拉梁单元两端横向位移和转角位移分别为:w_1、θ_1、w_2、θ_2,则轴拉梁内部任意一点横向位移 w 可通过节点位移内插获得,而梁内部任意一点的转角位移 θ 可通过横向位移 w 求导获得,即 $\theta = w'$,于是有:

$$w = a_0 + a_1x + a_2x^2 + a_3x^3 = \begin{bmatrix} 1, & x, & x^2 & x^3 \end{bmatrix} \begin{Bmatrix} a_0 \\ a_1 \\ a_2 \\ a_3 \end{Bmatrix} = [x]\{a\} \quad (4-1)$$

$$\theta = w' = a_1 + 2a_2x + 3a_3x^2 \quad (4-2)$$

单元节点的变形为:

$$\left. \begin{aligned} w_1 &= a_0 \\ \theta_1 &= a_1 \\ w_2 &= a_0 + a_1l + a_2l^2 + a_2l^3 \\ \theta_2 &= a_1 + 2a_2l + 3a_3l^2 \end{aligned} \right\} \quad (4-3)$$

将式(4-3)写成矩阵形式为:

$$\{w\} = \begin{Bmatrix} w_1 \\ \theta_1 \\ w_2 \\ \theta_2 \end{Bmatrix} = \begin{bmatrix} 1 & 0 & 0 & 0 \\ 0 & 1 & 0 & 0 \\ 1 & l & l^2 & l^3 \\ 0 & 1 & 2l & 3l^2 \end{bmatrix} \begin{Bmatrix} a_1 \\ a_2 \\ a_3 \\ a_4 \end{Bmatrix} = [A]\{a\} \quad (4-4)$$

于是,待定系数列阵为:

$$\{a\} = [A]^{-1}\{w\} \quad (4-5)$$

由式(4-1)和式(4-5),得到单元的位移模式为:

$$w = [x]\{a\} = [x][A]^{-1}\{w\} = [N]\{w\} \quad (4-6)$$

则形函数为:

$$[N] = [x][A]^{-1} = \begin{bmatrix} 1 & x^1 & x^2 & x^3 \end{bmatrix} \begin{bmatrix} 1 & 0 & 0 & 0 \\ 0 & 1 & 0 & 0 \\ 1 & l & l^2 & l^3 \\ 0 & 1 & 2l & 3l^2 \end{bmatrix}^{-1}$$

$$= \begin{bmatrix} 1 - 3\dfrac{x^2}{l^2} + 2\dfrac{x^3}{l^3} & x - 2\dfrac{x^2}{l} + \dfrac{x^3}{l^2} & 3\dfrac{x^2}{l^2} - 2\dfrac{x^3}{l^3} & -\dfrac{x^2}{l} + \dfrac{x^3}{l^2} \end{bmatrix}$$

$$(4\text{-}7)$$

（2）单元刚度矩阵

采用轴拉梁来模拟拉索,选用三次多项式作为插值函数,在形函数中不包含轴力项,如果仅计算弯曲应变能,则无法得到轴拉梁的单刚。实际上,由于拉索的索力会形成初应力,等同于轴拉梁在轴拉力作用下将产生应力刚化,因此单元刚度矩阵应计入轴向形变二阶效应的轴向应变能。所以,采用三次多项式进行插值,必须同时计入弯曲应变能和轴向应变能,这样才能得到轴拉梁的刚度矩阵。

①弯曲应变能比能为:

$$u_{弯} = \frac{1}{2}\delta_{弯}\,\varepsilon_{弯} = \frac{E}{2}\varepsilon_{弯}^2 \tag{4-8}$$

根据梁的初等变形理论,可得:

$$\varepsilon_{弯} = y \cdot k \tag{4-9}$$

式中:k——梁的横向变形曲率,可近似取 $k = w''$。

由式(4-8)和式(4-9),弯曲应变能比能可化为:

$$u_{弯} = \frac{E}{2}\varepsilon_{弯}^2 = \frac{E}{2}\left(y \cdot k\right)^2 \tag{4-10}$$

故弯曲应变能为:

$$U_{弯} = \int_v u_{弯}\,\mathrm{d}v = \int_v \frac{E}{2}\left(y \cdot k\right)^2 \mathrm{d}v = \frac{E}{2}\iint_l y^2 k^2\,\mathrm{d}I\mathrm{d}l = \frac{E}{2}\int_l y^2 \mathrm{d}I \cdot \int_l k^2 \mathrm{d}l$$

$$= \frac{EI}{2} \cdot \int_l \left(w''\right)^2 \mathrm{d}l = \frac{EI}{2} \cdot \int_0^l \left(w''\right)^2 \mathrm{d}x \tag{4-11}$$

弯曲应变能的变分为:

$$\delta U_{弯} = \frac{EI}{2}\int_0^l 2\left(w''\right) \cdot \delta w_x'' \cdot \mathrm{d}x = EI\int_0^l w'' \cdot \delta w_x'' \mathrm{d}x \tag{4-12}$$

由式(4-6),有:

$$w_x{''} = \left([N] \cdot \{w\}\right)_x{''} = [N]_x{''} \cdot \{w\} = [B] \cdot \{w\} \tag{4-13}$$

那么：

$$\delta w_x{''} = \delta\left([B] \cdot \{w\}\right) = [B] \cdot \{\delta w\} = \{\delta w\}^T \cdot [B]^T \tag{4-14}$$

于是：

$$\delta U_{弯} = EI\int_0^l \delta w_x{''} \cdot w''\mathrm{d}x = EI\int_0^l \delta\{w\}^T \cdot [B]^T \cdot [B] \cdot \{w\}\mathrm{d}x$$

$$= \delta\{w\}^T \cdot EI\int_0^l [B]^T \cdot [B]\mathrm{d}x \cdot \{w\} = \delta\{w\}^T \cdot [K_{弯}] \cdot \{w\}$$

$$\tag{4-15}$$

式(4-15)中：

$$[K_{弯}] = EI\int_0^l [B]^T \cdot [B]\mathrm{d}x \tag{4-16}$$

由式(4-7)，可得：

$$[B] = [N]_x{''} = \left[\ -\frac{6}{l^2}+\frac{12x}{l^3}\quad -\frac{4}{l}+\frac{6x}{l^2}\quad \frac{6}{l^2}-\frac{12x}{l^3}\quad -\frac{2}{l}+\frac{6x}{l^2}\ \right] \tag{4-17}$$

于是，弯曲应变能单刚为：

$$[K_{弯}] = EI\int_0^l [B]^T \cdot [B]\mathrm{d}x = \frac{EI}{l^3}\begin{bmatrix} 12 & 6l & -12 & 6l \\ & 4l^2 & -6l & 2l^2 \\ & & 12 & -6l \\ & & & 4l^2 \end{bmatrix} \tag{4-18}$$

②轴向应变能

发生挠度后，拉索的长度为：

$$L = \int_l \sqrt{1+\left(\frac{\mathrm{d}w}{\mathrm{d}x}\right)^2}\mathrm{d}x \tag{4-19}$$

利用泰勒公式展开式(4-19)，取前两项，有：

$$\sqrt{1+\left(\frac{\mathrm{d}w}{\mathrm{d}x}\right)^2} \approx 1+\frac{1}{2}\left(\frac{\mathrm{d}w}{\mathrm{d}x}\right)^2 \tag{4-20}$$

由式(4-18)和式(4-19)，可得：

$$L = \int_l \sqrt{1+\left(\frac{\mathrm{d}w}{\mathrm{d}x}\right)^2}\mathrm{d}x = \int_l\left[1+\frac{1}{2}\left(\frac{\mathrm{d}w}{\mathrm{d}x}\right)^2\right]\mathrm{d}x = \int_l\mathrm{d}x + \frac{1}{2}\int_l\left(\frac{\mathrm{d}w}{\mathrm{d}x}\right)^2\mathrm{d}x = L_0 + \Delta L$$

$$\tag{4-21}$$

所以轴向应变能为：

$$U_{轴} = T\Delta L = \frac{T}{2}\int_{l}\left(\frac{\mathrm{d}w}{\mathrm{d}x}\right)^2\mathrm{d}x = \frac{T}{2}\int_{0}^{l}\left(w'_x\right)^2\mathrm{d}x \qquad (4\text{-}22)$$

轴向应变能的变分为：

$$\delta U_{轴} = T\int_{0}^{l}\left(w_x{}'\right)\cdot\delta\left(w_x{}'\right)\mathrm{d}x \qquad (4\text{-}23)$$

由式(4-6)，知 $w_x{}' = [N]_x{}'\{w\}$，　$\delta w_x{}' = [N]_x{}'\{\delta w\}$，代入式(4-23)，可得：

$$\delta U_{轴} = T\int_{0}^{l}\left([N]_x{}'\cdot\{w\}\right)\cdot\left([N]_x{}'\{\delta w\}\right)\cdot\mathrm{d}x$$

$$= T\int_{0}^{l}\left([N]_x{}'\cdot\{\delta w\}\right)^{\mathrm{T}}\cdot\left([N]_x{}'\{w\}\right)\cdot\mathrm{d}x$$

$$= \{\delta w\}^{\mathrm{T}}\cdot T\int_{0}^{l}\left([N]_x{}'\right)^{\mathrm{T}}\cdot[N]_x{}'\mathrm{d}x\cdot\{w\}$$

$$= \{\delta w\}^{\mathrm{T}}\cdot[K_{轴}]\cdot\{w\} \qquad (4\text{-}24)$$

于是，轴向应变能单刚为：

$$[K_{轴}] = T\int_{0}^{l}\left([N]_x{}'\right)^{\mathrm{T}}\cdot[N]_x{}'\mathrm{d}x = \frac{T}{30l}\begin{bmatrix} 36 & 3l & -36 & 3l \\ & 4l^2 & -3l & -l^2 \\ & & 36 & -3l \\ & & & 4l^2 \end{bmatrix}$$

$$(4\text{-}25)$$

③单元刚度矩阵为：

$$[K^e] = [K_{弯}] + [K_{轴}] \qquad (4\text{-}26)$$

式(4-26)中，$[K_{弯}]$由式(4-18)确定，$[K_{轴}]$由式(4-25)确定。

由以上推导可知，轴向应变能单刚实际上是初应力矩阵或几何刚度矩阵。这是因为用轴拉梁来模拟拉索，拉索的索力已经形成了初应力，轴向应变能单刚就是考虑了轴向几何变形在有应力作用时产生的二阶效应，所以，轴向应变能单刚又被称为初应力矩阵或几何刚度矩阵。实际上，轴向应变能单刚是刚度矩阵的二阶刚度,而弯曲应变能单刚是刚度矩阵的一阶刚度。

(3)单元一致质量矩阵

有限元法中采用的单元质量矩阵包括一致质量矩阵(或称协调质量矩阵)和集中质量矩阵(或称团聚质量矩阵)。前者采用能量方法进行确定,质量矩阵一般为正定矩阵;后者则假定质量集中在节点上,可得到对角线质量矩阵。本章采用能量法推导出单元一致质量矩阵。

惯性力为:

$$f_I = -\rho \ddot{w} \}$$ (4-27)

惯性力势能比能为:

$$u_{惯} = -f_I w$$ (4-28)

由式(4-27)和式(4-28),惯性力势能为:

$$U_{惯} = \int_V u_{惯} \, dV = -\int_V f_I w dV = \int_V \rho \ddot{w} w dV$$ (4-29)

则惯性力势能变分为:

$$\delta U_{惯} = \delta \int_V \rho \ddot{w} w dV = \int_V \rho \ddot{w} \delta w dV$$ (4-30)

由式(4-6),可得:

$$\begin{aligned} \delta w &= [N]\{\delta w\} = \{\delta w\}^T [N]^T \\ \ddot{w} &= [N]\{\ddot{w}\} \end{aligned} \}$$ (4-31)

将式(4-31)代入式(4-30),得:

$$\begin{aligned} \delta U_{惯} &= \int_V \rho (\delta w) \ddot{w} dV = \int_V \rho \{\delta w\}^T [N]^T [N] \{\ddot{w}\} dV \\ &= \{\delta w\}^T \int_V \rho [N]^T [N] dV \{\ddot{w}\} = \{\delta w\}^T [m] \{\ddot{w}\} \end{aligned}$$ (4-32)

式(4-32)中,[m]为单元一致质量矩阵,即

$$[m] = \int_V \rho [N]^T [N] dV$$ (4-33)

将式(4-7)带入式(4-33),可得单元一致质量矩阵为

$$[m] = \int_V \rho [N]^T [N] dV = \rho \int_A \int_l [N]^T [N] dA dl = \rho A \int_0^l [N]^T [N] dx$$

$$= \frac{\rho Al}{420} \begin{bmatrix} 156 & 22l & 54 & -13l \\ & 4l^2 & 13l & -3l^2 \\ & & 156 & -22l \\ & & & 4l^2 \end{bmatrix} \qquad (4\text{-}34)$$

2）采用动力方程精确解作为插值函数

（1）形函数

一单位长度质量为 m 的索在张力 T 下被张紧,索的抗弯刚度为 EI,图 4-7 示出拉索的轴拉梁模型。其振动模型基于以下几个假定:①不考虑索的垂度;②只考虑拉索竖直平面的横向振动;③不考虑拉索阻尼影响;④认为拉索材质均匀,索在振动过程中材料应力应变关系符合虎克定律,且变形前后拉索截面积保持不变。

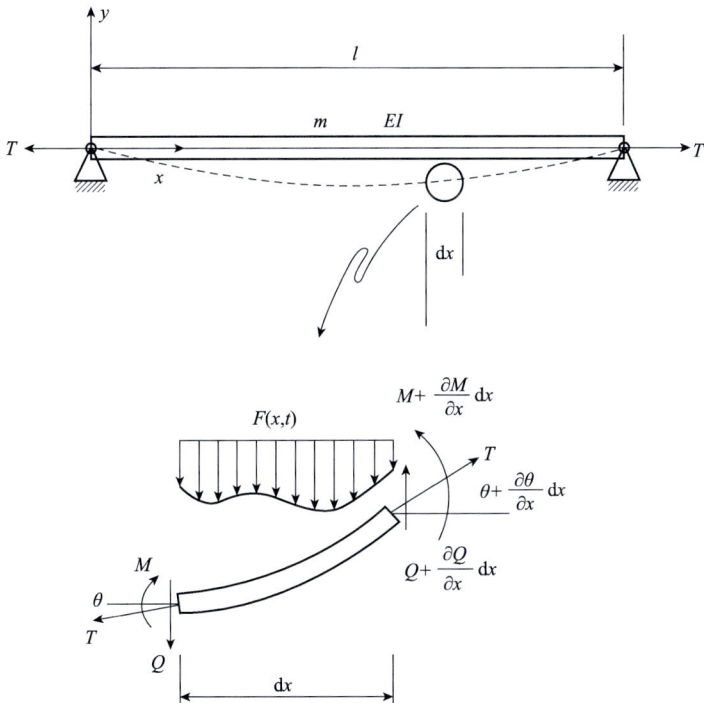

图 4-7　拉索的轴拉梁振动模型示意图

当 t 时刻 dx 微段上作用有张力 T, 惯性力 $-mdx\dfrac{\partial^2\eta}{\partial x^2}$, 弯矩 M、$M+\dfrac{\partial M}{\partial x}dx$ 和

剪力 Q、$Q+\dfrac{\partial Q}{\partial x}dx$, 以及干扰力 $F(x,t)$。由于拉索净截面面积与计算长度之比

小, 不计剪切变形及转动惯量的影响, 建立运动方程:

$$mdx\frac{\partial^2\eta}{\partial t^2}=T\left(\theta+\frac{\partial\theta}{\partial x}dx\right)+Q+\frac{\partial Q}{\partial x}dx-T\theta-Q-Fdx \qquad(4\text{-}35)$$

将索微段 x 处 t 时刻的倾角列式、$x+dx$ 点的力矩平衡方程、材料力学中的弯曲理论表达式(4-36)代入式(4-35)中:

$$\left.\begin{aligned}\theta(x,t)&=\frac{\partial\eta(x,t)}{\partial x}\\[4pt]\frac{\partial M}{\partial x}&=-Q\\[4pt]EI\frac{\partial^2\eta}{\partial x^2}&=M\end{aligned}\right\} \qquad(4\text{-}36)$$

不考虑干扰力, $F(x,t)=0$ 时, 得到拉索的轴拉梁振动模型无阻尼自由振动方程:

$$m\frac{\partial^2\eta}{\partial t^2}+EI\frac{\partial^4\eta}{\partial x^4}-T\frac{\partial^2\eta}{\partial x^2}=0 \qquad(4\text{-}37)$$

拉索在振动中, 其位移函数 $\eta(x,t)$ 可分解为空间函数与时间函数(简谐振动)的乘积, 有下式:

$$\eta(x,t)=\varphi(x)q(t)=\varphi(x)\sin(\omega t+\phi) \qquad(4\text{-}38)$$

式中:$\varphi(x)$——振动形状, 不随时间变化;

$q(t)$——随时间变化的振幅。

将其代入自由振动方程(4-37), 得:

$$EI\frac{d^4\varphi}{dx^4}-T\frac{d^2\varphi}{dx^2}-\omega^2 m\varphi=0 \qquad(4\text{-}39)$$

令 $\lambda^2=\dfrac{T}{EI}$, $a^4=\omega^2\dfrac{m}{EI}$, 式(4-39)化为:

$$\frac{d^4\varphi}{dx^4}-\lambda^2\frac{d^2\varphi}{dx^2}-a^4 m\varphi=0 \qquad(4\text{-}40)$$

解得振型函数为:

$$\varphi(x)=A\sin\alpha x+B\cos\alpha x+C\,\mathrm{sh}\beta x+D\,\mathrm{ch}\beta x \qquad(4\text{-}41)$$

式(4-41)中,$\alpha^2 = \left(\dfrac{\lambda^4}{4} + a^4\right)^{1/2} - \dfrac{\lambda^2}{2}$,$\beta^2 = \left(\dfrac{\lambda^4}{4} + a^4\right)^{1/2} + \dfrac{\lambda^2}{2}$,$A$、$B$、$C$、$D$ 为四个待定系数。

采用轴拉梁动力方程振型函数精确解式(4-41)作为插值函数,设单元两端节点位移为 w_1、θ_1、w_2、θ_2,从而可得到相应振型函数 $\varphi(x)$ 的表达式,则单元内任意一点的位置 w,即:

$$w = \varphi(x) = \sum_{i=1}^{2}(N_{1i}w_i + N_{2i}\theta_i) \tag{4-42}$$

式(4-42)中,将振型函数 $\varphi(x)$ 写成矩阵形式:

$$
\begin{aligned}
w &= a_1\sin(\delta x) + a_2\cos(\delta x) + a_3\mathrm{sh}(\varepsilon x) + a_4\mathrm{ch}(\varepsilon x)\\
&= \begin{bmatrix} \sin(\delta x) & \cos(\delta x) & \mathrm{sh}(\varepsilon x) & \mathrm{ch}(\varepsilon x) \end{bmatrix} \begin{Bmatrix} a_1 \\ a_2 \\ a_3 \\ a_4 \end{Bmatrix} = [x]\{a\}
\end{aligned}
\tag{4-43}
$$

式(4-43)中,$\delta^2 = (\zeta^4 + \gamma^4)^{1/2} - \zeta^2$,$\varepsilon^2 = (\zeta^4 + \gamma^4)^{1/2} + \zeta^2$,且 $\zeta^2 = \dfrac{T}{2EI}$,$\gamma^4 = \dfrac{m\omega^2}{EI}$,而 $\{a\}$ 为待定系数列阵。

单元节点位移为:

$$
\left.
\begin{aligned}
w_1 &= a_2 + a_4\\
\theta_1 &= a_1\delta + a_3\varepsilon\\
w_2 &= a_1\sin(\delta l) + a_2\cos(\delta l) + a_3\mathrm{sh}(\varepsilon l) + a_4\mathrm{ch}(\varepsilon l)\\
\theta_2 &= a_1\delta\cos(\delta l) - a_2\delta\sin(\delta l) + a_3\varepsilon\mathrm{ch}(\varepsilon l) + a_4\varepsilon\mathrm{sh}(\varepsilon l)
\end{aligned}
\right\}
\tag{4-44}
$$

将式(4-44)写成矩阵形式:

$$
\{w\} = \begin{Bmatrix} w_1 \\ \theta_1 \\ w_2 \\ \theta_2 \end{Bmatrix} = \begin{bmatrix} 0 & 1 & 0 & 1 \\ \delta & 0 & \varepsilon & 0 \\ \sin(\delta l) & \cos(\delta l) & \mathrm{sh}(\varepsilon l) & \mathrm{ch}(\varepsilon l) \\ \delta\cos(\delta l) & -\delta\sin(\delta l) & \varepsilon\mathrm{ch}(\varepsilon l) & \varepsilon\mathrm{sh}(\varepsilon l) \end{bmatrix} \begin{Bmatrix} a_1 \\ a_2 \\ a_3 \\ a_4 \end{Bmatrix} = [A]\{a\}
\tag{4-45}
$$

故待定系数列阵$\{a\}$为：

$$\{a\} = [A]^{-1}\{w\} \tag{4-46}$$

由式(4-43)和式(4-46)，得到单元中任意一点的位移可用节点位移表示为：

$$w = [x]\{a\} = [x][A]^{-1}\{w\} = [N]\{w\} \tag{4-47}$$

由式(4-47)，得形函数为：

$$[N] = [x][A]^{-1} = [x][C] \tag{4-48}$$

式(4-48)中，$[x]$和$[C]$为：

$$\left.\begin{array}{l} [x] = \begin{bmatrix} \sin(\delta x) & \cos(\delta x) & \mathrm{sh}(\varepsilon x) & \mathrm{ch}(\varepsilon x) \end{bmatrix} \\[6pt] [C] = [A]^{-1} = \begin{bmatrix} 0 & 1 & 0 & 1 \\ \delta & 0 & \varepsilon & 0 \\ \sin(\delta l) & \cos(\delta l) & \mathrm{sh}(\varepsilon l) & \mathrm{ch}(\varepsilon l) \\ \delta\cos(\delta l) & -\delta\sin(\delta l) & \varepsilon\,\mathrm{ch}(\varepsilon l) & \varepsilon\,\mathrm{sh}(\varepsilon l) \end{bmatrix}^{-1} \end{array}\right\} \tag{4-49}$$

由式(4-49)，得到

$$[C] = \frac{1}{a} \begin{bmatrix} -\dfrac{\varepsilon}{\delta}\cdot c\cdot\mathrm{sh} - s\cdot\mathrm{ch} & \dfrac{1-c\cdot\mathrm{ch}}{\delta} - \dfrac{s\cdot\mathrm{sh}}{\varepsilon} & \dfrac{\varepsilon}{\delta}\cdot\mathrm{sh} + s & \dfrac{c-\mathrm{ch}}{\delta} \\[10pt] \dfrac{\varepsilon}{\delta}\cdot s\cdot\mathrm{sh} - c\cdot\mathrm{ch} + 1 & \dfrac{s\cdot\mathrm{ch}}{\delta} - \dfrac{c\cdot\mathrm{sh}}{\varepsilon} & -\mathrm{ch} + c & -\dfrac{s}{\delta} + \dfrac{\mathrm{sh}}{\varepsilon} \\[10pt] c\cdot\mathrm{sh} + \dfrac{\delta}{\varepsilon}\cdot s\cdot\mathrm{ch} & \dfrac{s\cdot\mathrm{sh}}{\delta} + \dfrac{1-c\cdot\mathrm{ch}}{\varepsilon} & -\mathrm{sh} - \dfrac{\delta}{\varepsilon}\cdot s & \dfrac{\mathrm{ch}-c}{\varepsilon} \\[10pt] -c\cdot\mathrm{ch} - \dfrac{\delta}{\varepsilon}\cdot s\cdot\mathrm{sh} + 1 & -\dfrac{s\cdot\mathrm{ch}}{\delta} + \dfrac{c\cdot\mathrm{sh}}{\varepsilon} & \mathrm{ch} - c & \dfrac{s}{\delta} - \dfrac{\mathrm{sh}}{\varepsilon} \end{bmatrix} \tag{4-50}$$

式(4-50)中，$s = \sin(\delta l)$，$c = \cos(\delta l)$，$\mathrm{sh} = \mathrm{sh}(\varepsilon l)$，$\mathrm{ch} = \mathrm{ch}(\varepsilon l)$，$a = \left(\dfrac{\varepsilon}{\delta} - \dfrac{\delta}{\varepsilon}\right)\cdot s\cdot$

$\mathrm{sh} + 2(1 - c\cdot\mathrm{ch})$。

(2)单元刚度矩阵

弯曲应变能比能为：

$$u_弯 = \frac{1}{2}\delta_弯\,\varepsilon_弯 = \frac{E}{2}\varepsilon_弯^2 \tag{4-51}$$

根据梁的初等变形理论，可得：

$$\varepsilon_弯 = y\cdot k \tag{4-52}$$

式中: k——梁的横向变形曲率,近似取 $k = w''$。

由式(4-51)和式(4-52),弯曲应变能比能可化为:

$$u_{弯} = \frac{E}{2}\varepsilon_{弯}^2 = \frac{E}{2}(y \cdot k)^2 \tag{4-53}$$

故弯曲应变能为:

$$U_{弯} = \int_v u_{弯}\,\mathrm{d}v = \int_v \frac{E}{2}(y \cdot k)^2\mathrm{d}v = \frac{E}{2}\iint_{l} y^2 k^2 \mathrm{d}I\mathrm{d}l = \frac{E}{2}\int_l y^2\mathrm{d}I \cdot \int_l k^2\mathrm{d}l$$

$$= \frac{EI}{2} \cdot \int_l (w'')^2\mathrm{d}l = \frac{EI}{2} \cdot \int_0^l (w'')^2\mathrm{d}x \tag{4-54}$$

弯曲应变能的变分为:

$$\delta U_{弯} = \frac{EI}{2}\int_0^l 2(w'') \cdot \delta w_x{}'' \cdot \mathrm{d}x = EI\int_0^l w'' \cdot \delta w_x{}''\mathrm{d}x \tag{4-55}$$

由式(4-47),有:

$$w_x{}'' = ([N] \cdot \{w\})_x{}'' = [N]_x{}'' \cdot \{w\} = [B] \cdot \{w\} \tag{4-56}$$

那么,

$$\delta w_x{}'' = \delta([B] \cdot \{w\}) = [B] \cdot \{\delta w\} = \{\delta w\}^{\mathrm{T}} \cdot [B]^{\mathrm{T}} \tag{4-57}$$

于是,

$$\delta U_{弯} = EI\int_0^l \delta w_x{}'' \cdot w''\mathrm{d}x = EI\int_0^l \delta\{w\}^{\mathrm{T}} \cdot [B]^{\mathrm{T}} \cdot [B] \cdot \{w\}\mathrm{d}x$$

$$= \delta\{w\}^{\mathrm{T}} \cdot EI\int_0^l [B]^{\mathrm{T}} \cdot [B]\mathrm{d}x \cdot \{w\} = \delta\{w\}^{\mathrm{T}} \cdot [K_{弯}] \cdot \{w\} \tag{4-58}$$

式(4-58)中,

$$[K_{弯}] = EI\int_0^l [B]^{\mathrm{T}} \cdot [B]\mathrm{d}x \tag{4-59}$$

由式(4-48),可得:

$$[B] = [N]_x{}'' = [x]''[C] \tag{4-60}$$

单元刚度矩阵为:

$$[K^e] = [K_{弯}] = EI\int_0^l [B]^{\mathrm{T}} \cdot [B]\mathrm{d}x = EI\int_l ([x]''[C])^{\mathrm{T}} \cdot [x]''[C]\mathrm{d}x$$

$$= EI[C]^{\mathrm{T}} \cdot \int_l ([x]'')^{\mathrm{T}}[x]''\mathrm{d}x \cdot [C] = EI[C]^{\mathrm{T}} \cdot [H] \cdot [C] \tag{4-61}$$

由式(4-49),可得:

$$[x]'' = [\ -\delta^2\sin(\delta x)\quad -\delta^2\cos(\delta x)\quad \varepsilon^2\,\mathrm{sh}(\varepsilon x)\quad \varepsilon^2\,\mathrm{ch}(\varepsilon x)\ ]\quad(4\text{-}62)$$

$$[S] = \int_l [x]^\mathrm{T}[x]\mathrm{d}x = \begin{bmatrix} S_{11} & S_{12} & S_{13} & S_{14} \\ & S_{22} & S_{23} & S_{24} \\ & & S_{33} & S_{34} \\ & & & S_{44} \end{bmatrix}$$

$$= \begin{bmatrix} \dfrac{\delta l - s\cdot c}{2\delta} & \dfrac{s^2}{2\delta} & \dfrac{\varepsilon\cdot s\cdot \mathrm{ch} - \delta\cdot c\cdot \mathrm{sh}}{\delta^2 + \varepsilon^2} & \dfrac{\varepsilon\cdot s\cdot \mathrm{sh} - \delta\cdot c\cdot \mathrm{ch} + \delta}{\delta^2 + \varepsilon^2} \\[3mm] & \dfrac{\delta l + s\cdot c}{2\delta} & \dfrac{\varepsilon\cdot c\cdot \mathrm{ch} + \delta\cdot s\cdot \mathrm{sh} - \varepsilon}{\delta^2 + \varepsilon^2} & \dfrac{\varepsilon\cdot c\cdot \mathrm{sh} + \delta\cdot s\cdot \mathrm{ch}}{\delta^2 + \varepsilon^2} \\[3mm] & & \dfrac{-\varepsilon l + \mathrm{sh}\cdot \mathrm{ch}}{2\varepsilon} & \dfrac{\mathrm{sh}^2}{2\varepsilon} \\[3mm] & & & \dfrac{\varepsilon l + \mathrm{sh}\cdot \mathrm{ch}}{2\varepsilon} \end{bmatrix}$$

$$(4\text{-}63)$$

由式(4-62),可得:

$$[H] = \int_l ([x]'')^\mathrm{T}[x]''\mathrm{d}x = \delta^2\varepsilon^2 \begin{bmatrix} \dfrac{\delta^2}{\varepsilon^2}S_{11} & \dfrac{\delta^2}{\varepsilon^2}S_{12} & -S_{13} & -S_{14} \\[3mm] & \dfrac{\delta^2}{\varepsilon^2}S_{22} & -S_{23} & -S_{24} \\[3mm] & & \dfrac{\varepsilon^2}{\delta^2}S_{33} & \dfrac{\varepsilon^2}{\delta^2}S_{34} \\[3mm] & & & \dfrac{\varepsilon^2}{\delta^2}S_{44} \end{bmatrix}\quad(4\text{-}64)$$

式(4-64)中各系数取自式(4-63)。

(3)单元一致质量矩阵

惯性力为:

$$f_I = -\rho\,\ddot{w} \tag{4-65}$$

惯性力势能比能为:

$$u_{惯} = -f_I w \tag{4-66}$$

由式(4-65)和式(4-66),惯性力势能为:

$$U_{\text{惯}} = \int_V u_{\text{惯}}\, dV = -\int_V f_I w\, dV = \int_V \rho \ddot{w} w\, dV \tag{4-67}$$

则惯性力势能变分为：

$$\delta U_{\text{惯}} = \delta \int_V \rho \ddot{w} w\, dV = \int_V \rho \ddot{w} \delta w\, dV \tag{4-68}$$

由式(4-47)，可得：

$$\left. \begin{array}{l} \delta w = [N]\{\delta w\} = \{\delta w\}^{\mathrm{T}}[N]^{\mathrm{T}} \\[2mm] \ddot{w} = [N]\{\ddot{w}\} \end{array} \right\} \tag{4-69}$$

将式(4-69)代入式(4-68)，得：

$$\delta U_{\text{惯}} = \int_V \rho (\delta w) w\, dV = \int_V \rho \{\delta w\}^{\mathrm{T}} [N]^{\mathrm{T}} [N] \{\ddot{w}\}\, dV$$

$$= \{\delta w\}^{\mathrm{T}} \int_V \rho [N]^{\mathrm{T}} [N]\, dV \{\ddot{w}\} = \{\delta w\}^{\mathrm{T}} [m] \{\ddot{w}\} \tag{4-70}$$

式(4-70)中，$[m]$ 为单元一致质量矩阵，即

$$[m] = \int_V \rho [N]^{\mathrm{T}} [N]\, dV \tag{4-71}$$

将式(4-48)带入式(4-71)，可得单元一致质量矩阵为

$$[m] = \int_V \rho [N]^{\mathrm{T}} [N]\, dV = \rho \int_A \int_l [N]^{\mathrm{T}} [N]\, dA dl = \rho A \int_0^l [N]^{\mathrm{T}} [N]\, dx \tag{4-72}$$

即单元一致质量矩阵为：

$$[m] = \rho A \int_0^l [N]^{\mathrm{T}} \cdot [N]\, dx = \rho A [C]^{\mathrm{T}} \cdot \int_l [x]^{\mathrm{T}} [x]\, dx \cdot [C]$$

$$= \rho A [C]^{\mathrm{T}} \cdot [S] \cdot [C] \tag{4-73}$$

4.4.3　两种插值函数的讨论

采用三次多项式作为插值函数来推导轴拉梁的形函数，是满足轴拉梁的静力变形与节点位移条件的精确解，对静力问题是一个精确的形函数，这在弹性力学中已得到证明，但将此形函数用于求解动力问题，就具有一定近似性了。这是因为用静力问题的形函数去逼近动力问题的振型函数，只有当划分单元数目足够多的情况下，才可以获得较好的精度。还应当注意的是，用轴拉梁单元来模拟

拉索,由于拉索的索力已经形成初应力,所以单元刚度矩阵必须计入二阶效应,在线性刚度矩阵上须叠加初应力矩阵或几何刚度矩阵形成单元刚度矩阵。

采用轴拉梁动力方程的振型函数精确解作为插值函数,获得的形函数、单元刚度矩阵、单元一致质量矩阵都是固有频率的函数。由于固有频率是动力问题的最基本参数,所以这套有限元推导方法称为动态有限元法,相应的形函数、单元刚度矩阵和单元一致质量矩阵分别称为动态形函数、动态单元刚度矩阵和动态单元一致质量矩阵,以区别于静力问题的有限元分析。采用动态有限元求解动力问题,由于形函数是固有频率的函数,所以必须采用迭代的方法求解,这是其显著的特点。

将拉索用轴拉梁模拟,由动力方程精确解作为插值函数而得到的轴拉梁的动态形函数、动态单元刚度矩阵、动态单元一致质量矩阵包含着各种特例。当不考虑轴力作用时,即 $T = 0$,动态轴拉梁单元退化成动态梁单元,在这种情况下,可得到动态梁单元的动态形函数、动态单元刚度矩阵、动态单元一致质量矩阵;而梁的静力问题又是动力问题的极限,当自振频率趋于零时,则可得到三次多项式作为插值函数而得到的轴拉梁单元的形函数、单元刚度矩阵、单元一致质量矩阵。

1) 动态轴拉梁退化成动态梁

动态轴拉梁单元退化成动态梁单元,即 $T = 0$,此时 $\varepsilon = \delta = \gamma$。

形函数为:

$$[N]_\gamma = [x]_\gamma [A]_\gamma^{-1} = [x]_\gamma [C]_\gamma \tag{4-74}$$

式(4-74)中, $[x]_\gamma$ 和 $[C]_\gamma$ 为:

$$[x]_\gamma = [\sin(\gamma x) \quad \cos(\gamma x) \quad \mathrm{sh}(\gamma x) \quad \mathrm{ch}(\gamma x)]$$

$$[C]_\gamma = \frac{1}{a}\begin{bmatrix} -c \cdot \mathrm{sh} - s \cdot \mathrm{ch} & \dfrac{1 - c \cdot \mathrm{ch} - s \cdot \mathrm{sh}}{\gamma} & \mathrm{sh} + s & \dfrac{c - \mathrm{ch}}{\gamma} \\[2mm] s \cdot \mathrm{sh} - c \cdot \mathrm{ch} + 1 & \dfrac{s \cdot \mathrm{ch} - c \cdot \mathrm{sh}}{\gamma} & -\mathrm{ch} + c & \dfrac{-s + \mathrm{sh}}{\gamma} \\[2mm] c \cdot \mathrm{sh} + s \cdot \mathrm{ch} & \dfrac{s \cdot \mathrm{sh} + 1 - c \cdot \mathrm{ch}}{\gamma} & -\mathrm{sh} - s & \dfrac{\mathrm{ch} - c}{\gamma} \\[2mm] -c \cdot \mathrm{ch} - s \cdot \mathrm{sh} + 1 & \dfrac{-s \cdot \mathrm{ch} + c \cdot \mathrm{sh}}{\gamma} & \mathrm{ch} - c & \dfrac{s - \mathrm{sh}}{\gamma} \end{bmatrix}$$

$$\tag{4-75}$$

式 $(4-75)$ 中, $s = \sin(\gamma l)$, $c = \cos(\gamma l)$, $\mathrm{sh} = \mathrm{sh}(\gamma l)$, $\mathrm{ch} = \mathrm{ch}(\gamma l)$, $a = 2(1 - c \cdot \mathrm{ch})$。

单元刚度矩阵为：

$$[K^e]_\gamma = EI \int_0^l [B]_\gamma^{\mathrm{T}} \cdot [B]_\gamma \mathrm{d}x = EI [C]_\gamma^{\mathrm{T}} \cdot \int_l ([x]_\gamma{''})^{\mathrm{T}} [x]_\gamma{''} \mathrm{d}x \cdot [C]_\gamma$$

$$= EI [C]_\gamma^{\mathrm{T}} \cdot [H]_\gamma \cdot [C]_\gamma \tag{4-76}$$

由式 $(4-75)$, 可得：

$$[x]_\gamma{''} = \begin{bmatrix} -\delta^2 \sin(\gamma x) & -\delta^2 \cos(\gamma x) & \varepsilon^2 \mathrm{sh}(\gamma x) & \varepsilon^2 \mathrm{ch}(\gamma x) \end{bmatrix} \tag{4-77}$$

$$[S]_\gamma = \int_l [x]_\gamma^{\mathrm{T}} [x]_\gamma \mathrm{d}x = \begin{bmatrix} S_{11} & S_{12} & S_{13} & S_{14} \\ & S_{22} & S_{23} & S_{24} \\ & & S_{33} & S_{34} \\ & & & S_{44} \end{bmatrix}$$

$$= \frac{1}{2\gamma} \begin{bmatrix} \gamma l - s \cdot c & s^2 & s \cdot \mathrm{ch} - c \cdot \mathrm{sh} & s \cdot \mathrm{sh} - c \cdot \mathrm{ch} + 1 \\ & \gamma l + s \cdot c & c \cdot \mathrm{ch} + s \cdot \mathrm{sh} - 1 & c \cdot \mathrm{sh} + s \cdot \mathrm{ch} \\ & & -\gamma l + \mathrm{sh} \cdot \mathrm{ch} & \mathrm{sh}^2 \\ & & & \gamma l + \mathrm{sh} \cdot \mathrm{ch} \end{bmatrix}$$

$$\tag{4-78}$$

由式 $(4-77)$, 可得：

$$[H]_\gamma = \int_l ([x]_\gamma{''})^{\mathrm{T}} [x]_\gamma{''} \mathrm{d}x = \gamma^4 \begin{bmatrix} S_{11} & S_{12} & -S_{13} & -S_{14} \\ & S_{22} & -S_{23} & -S_{24} \\ & & S_{33} & S_{34} \\ & & & S_{44} \end{bmatrix} \tag{4-79}$$

式 $(4-79)$ 中各系数取自式 $(4-78)$。

单元一致质量矩阵为：

$$[m]_\gamma = \rho A \int_0^l [N]_\gamma^{\mathrm{T}} [N]_\gamma \mathrm{d}x$$

$$= \rho A [C]_\gamma^{\mathrm{T}} \cdot \int_l [x]_\gamma^{\mathrm{T}} [x]_\gamma \mathrm{d}x \cdot [C]_\gamma$$

$$= \rho A [C]_\gamma^{\mathrm{T}} \cdot [S]_\gamma \cdot [C]_\gamma \tag{4-80}$$

2) 动态梁退化成静力梁

当梁振动的固有频率为零时, 动态梁单元退化成静力梁单元。将动态梁单元的形函数经泰勒级数展开成多项式,并令固有频率趋于零取极限,通过这种方法获得的单元形函数与采用三次多项式插值而得到的梁单元形函数有相同的结果。

令 $\theta = \gamma l$,将式(4-75)中矩阵 $[C]_\gamma$ 各项用泰勒级数展开成多项式:

$$a = 2(1 - c \cdot \text{ch}) = \frac{\theta^4}{3} + o(\theta^4) \tag{4-81}$$

$$C_{11} = -c \cdot \text{sh} - s \cdot \text{ch} = -2\theta + \frac{\theta^5}{15} + o(\theta^8) \tag{4-82}$$

$$C_{21} = s \cdot \text{sh} - c \cdot \text{ch} + 1 = \theta^2 + \frac{\theta^4}{6} - \frac{\theta^6}{90} + o(\theta^8) \tag{4-83}$$

$$C_{31} = c \cdot \text{sh} + s \cdot \text{ch} = 2\theta - \frac{\theta^5}{15} + o(\theta^8) \tag{4-84}$$

$$C_{41} = -c \cdot \text{ch} - s \cdot \text{sh} + 1 = -\theta^2 + \frac{\theta^4}{6} + \frac{\theta^6}{90} + o(\theta^8) \tag{4-85}$$

$$C_{12} = \frac{1 - c \cdot \text{ch} - s \cdot \text{sh}}{\gamma} = \frac{\theta^2}{\gamma}\left(-1 + \frac{\theta^2}{6} + \frac{\theta^4}{90}\right) + o(\theta^8) \tag{4-86}$$

$$C_{22} = \frac{s \cdot \text{ch} - c \cdot \text{sh}}{\gamma} = \frac{\theta^3}{\gamma}\left(\frac{2}{3} - \frac{\theta^4}{315}\right) + o(\theta^8) \tag{4-87}$$

$$C_{32} = \frac{s \cdot \text{sh} + 1 - c \cdot \text{ch}}{\gamma} = \frac{\theta^2}{\gamma}\left(1 + \frac{\theta^2}{6} - \frac{\theta^4}{90}\right) + o(\theta^8) \tag{4-88}$$

$$C_{42} = \frac{-s \cdot \text{ch} + c \cdot \text{sh}}{\gamma} = \frac{\theta^3}{\gamma}\left(-\frac{2}{3} + \frac{\theta^4}{315}\right) + o(\theta^8) \tag{4-89}$$

$$C_{13} = \text{sh} + s = 2\theta + \frac{\theta^5}{60} + o(\theta^8) \tag{4-90}$$

$$C_{23} = -\text{ch} + c = -\theta^2 - \frac{\theta^6}{360} + o(\theta^8) \tag{4-91}$$

$$C_{33} = -\text{sh} - s = -2\theta - \frac{\theta^5}{60} + o(\theta^8) \tag{4-92}$$

$$C_{43} = \text{ch} - c = \theta^2 + \frac{\theta^6}{360} + o(\theta^8) \tag{4-93}$$

$$C_{14} = \frac{c - \text{ch}}{\gamma} = \frac{\theta^2}{\gamma}\left(-1 - \frac{\theta^4}{360}\right) + o(\theta^8) \tag{4-94}$$

$$C_{24} = \frac{-s + \text{sh}}{\gamma} = \frac{\theta^3}{\gamma}\left(\frac{1}{3} + \frac{\theta^4}{2520}\right) + o(\theta^8) \tag{4-95}$$

$$C_{34} = \frac{\mathrm{ch} - c}{\gamma} = \frac{\theta^2}{\gamma} \left(1 + \frac{\theta^4}{360} \right) + o(\theta^8) \tag{4-96}$$

$$C_{44} = \frac{s - \mathrm{sh}}{\gamma} = \frac{\theta^3}{\gamma} \left(-\frac{1}{3} - \frac{\theta^4}{2520} \right) + o(\theta^8) \tag{4-97}$$

$$[C]_\gamma = \frac{3}{\theta^3} \begin{bmatrix} -2 + \dfrac{\theta^4}{15} & \dfrac{\theta}{\gamma}\left(-1 + \dfrac{\theta^2}{6} + \dfrac{\theta^4}{90} \right) & 2 + \dfrac{\theta^4}{60} & \dfrac{\theta}{\gamma}\left(-1 - \dfrac{\theta^4}{360} \right) \\[3mm] \theta + \dfrac{\theta^3}{6} - \dfrac{\theta^5}{90} & \dfrac{\theta^2}{\gamma}\left(\dfrac{2}{3} - \dfrac{\theta^4}{315} \right) & -\theta - \dfrac{\theta^5}{360} & \dfrac{\theta^2}{\gamma}\left(\dfrac{1}{3} + \dfrac{\theta^4}{2520} \right) \\[3mm] 2 - \dfrac{\theta^4}{15} & \dfrac{\theta}{\gamma}\left(1 + \dfrac{\theta^2}{6} - \dfrac{\theta^4}{90} \right) & -2 - \dfrac{\theta^4}{60} & \dfrac{\theta}{\gamma}\left(1 + \dfrac{\theta^4}{360} \right) \\[3mm] -\theta + \dfrac{\theta^3}{6} + \dfrac{\theta^5}{90} & \dfrac{\theta^2}{\gamma}\left(-\dfrac{2}{3} + \dfrac{\theta^4}{315} \right) & \theta + \dfrac{\theta^5}{360} & \dfrac{\theta^2}{\gamma}\left(-\dfrac{1}{3} - \dfrac{\theta^4}{2520} \right) \end{bmatrix} + o(\theta^4) \tag{4-98}$$

令 $\phi = \gamma x$，将式(4-75)中矩阵 $[x]_\gamma$ 用泰勒级数展开成多项式：

$$[x]_\gamma = \begin{bmatrix} \sin\phi & \cos\phi & \mathrm{sh}\phi & \mathrm{ch}\phi \end{bmatrix}$$

$$= \begin{bmatrix} \phi - \dfrac{\phi^3}{6} & 1 - \dfrac{\phi^2}{2} & \phi + \dfrac{\phi^3}{6} & 1 + \dfrac{\phi^2}{2} \end{bmatrix} + o(\phi^4) \tag{4-99}$$

由式(4-98)和式(4-99)，动态梁单元形函数用多项式表示为：

$$[N]_\gamma = [x]_\gamma [C]_\gamma = \begin{bmatrix} 1 - 3\left(\dfrac{\phi}{\theta}\right)^2 + 2\left(\dfrac{\phi}{\theta}\right)^3 - \dfrac{\theta\phi^3}{15} - \dfrac{\theta^2\phi^2}{30} \\[3mm] \dfrac{\phi}{\gamma}\left(1 - 2\dfrac{\phi}{\theta} + \left(\dfrac{\phi}{\theta}\right)^2 + \dfrac{\theta^3\phi}{105} - \dfrac{\theta^2\phi^2}{90} \right) \\[3mm] 3\left(\dfrac{\phi}{\theta}\right)^2 - 2\left(\dfrac{\phi}{\theta}\right)^3 - \dfrac{\theta\phi^3}{60} + \dfrac{\theta^2\phi^2}{120} \\[3mm] \dfrac{\phi}{\gamma}\left(-\dfrac{\phi}{\theta} + \left(\dfrac{\phi}{\theta}\right)^2 - \dfrac{\theta^3\phi}{840} + \dfrac{\theta^2\phi^2}{360} \right) \end{bmatrix}^{\mathrm{T}} + o(\theta^4\phi^4) \tag{4-100}$$

实际上，梁的静力问题可视为动力问题的极限。当自振频率趋于零时，由式(4-100)可获得多项式表示的静力梁单元形函数。即，当 $\gamma \to 0$ 时，$\theta = \gamma l \to 0$，$\phi = \gamma x \to 0$，且 $\phi/\theta = x/l$，$\phi/\gamma = x$，则得：

$$[N] = \lim_{\gamma \to 0}[N]_\gamma = \lim_{\substack{\theta \to 0 \\ \phi \to 0}} \begin{bmatrix} 1 - 3\left(\dfrac{\phi}{\theta}\right)^2 + 2\left(\dfrac{\phi}{\theta}\right)^3 - \dfrac{\theta\phi^3}{15} - \dfrac{\theta^2\phi^2}{30} \\[2mm] \dfrac{\phi}{\gamma}\left(1 - 2\dfrac{\phi}{\theta} + \left(\dfrac{\phi}{\theta}\right)^2 + \dfrac{\theta^3\phi}{105} - \dfrac{\theta^2\phi^2}{90}\right) \\[2mm] 3\left(\dfrac{\phi}{\theta}\right)^2 - 2\left(\dfrac{\phi}{\theta}\right)^3 - \dfrac{\theta\phi^3}{60} + \dfrac{\theta^2\phi^2}{120} \\[2mm] \dfrac{\phi}{\gamma}\left(-\dfrac{\phi}{\theta} + \left(\dfrac{\phi}{\theta}\right)^2 - \dfrac{\theta^3\phi}{840} + \dfrac{\theta^2\phi^2}{360}\right) \end{bmatrix}^{\mathrm{T}} + o(\theta^4\phi^4)$$

$$(4\text{-}101)$$

$$[N] = \lim_{\gamma \to 0}[N]_\gamma = \lim_{\substack{\theta \to 0 \\ \phi \to 0}} \begin{bmatrix} 1 - 3\left(\dfrac{\phi}{\theta}\right)^2 + 2\left(\dfrac{\phi}{\theta}\right)^3 \\[2mm] \dfrac{\phi}{\gamma}\left(1 - 2\dfrac{\phi}{\theta} + \left(\dfrac{\phi}{\theta}\right)^2\right) \\[2mm] 3\left(\dfrac{\phi}{\theta}\right)^2 - 2\left(\dfrac{\phi}{\theta}\right)^3 \\[2mm] \dfrac{\phi}{\gamma}\left(-\dfrac{\phi}{\theta} + \left(\dfrac{\phi}{\theta}\right)^2\right) \end{bmatrix}^{\mathrm{T}}$$

$$= \begin{bmatrix} 1 - 3\dfrac{x^2}{l^2} + 2\dfrac{x^3}{l^3} & x - 2\dfrac{x^2}{l} + \dfrac{x^3}{l^2} & 3\dfrac{x^2}{l^2} - 2\dfrac{x^3}{l^3} & -\dfrac{x^2}{l} + \dfrac{x^3}{l^2} \end{bmatrix}$$

$$(4\text{-}102)$$

可以发现,通过对动力问题取极限所得到的形函数式(4-102)与4.4.2节采用多项式插值所得到的静力梁单元形函数式(4-7)完全一致。利用该形函数,可得到轴拉梁单元刚度矩阵和单元一致质量矩阵,其与4.4.2节得到矩阵形式相同,这里不再赘述,但要注意利用该形函数推导轴拉梁单元的刚度矩阵时,须同时计入弯曲应变能和轴向应变能对单元刚度矩阵的贡献。

4.4.4 拉索动态有限元模型求解

整个拉索结构的势能包括所有单元的弯曲应变能、轴向应变能,以及惯性力势能之和。通过能量变分原理可以形成拉索结构的刚度矩阵和质量矩阵。

拉索的总势能为:

$$\Pi = U_{弯} + U_{轴} + U_{惯} \qquad (4\text{-}103)$$

势能的变分为:

$$\delta\Pi = \delta U_{弯} + \delta U_{轴} + \delta U_{惯}$$

$$= \delta \{w\}^{\mathrm{T}} \cdot [K]_{弯} \cdot \{w\} + \delta \{w\}^{\mathrm{T}} \cdot [K]_{轴} \cdot \{w\} + \delta \{w\}^{\mathrm{T}} \cdot [m] \cdot \{\ddot{w}\}$$

$$= \delta \{w\}^{\mathrm{T}} \cdot ([K] \cdot \{w\} + [M] \cdot \{\ddot{w}\}) \qquad (4\text{-}104)$$

由最小势能原理，有 $\delta \Pi = 0$，而在式(4-104)中，$\delta \{w\}^{\mathrm{T}} \neq 0$，故运动平衡方程

$$[K] \cdot \{w\} + [M] \cdot \{\ddot{w}\} = 0 \qquad (4\text{-}105)$$

式(4-105)中，$\{w\} = [w_1 \quad \theta_1 \quad w_2 \quad \theta_2]^{\mathrm{T}}$，$[K] = \sum [K^e]$，$[M] = \sum [m]$

设拉索的振动为：

$$\{w\} = \{w(x,t)\} = \{\phi(x)\} \sin(\omega t + \varphi) \qquad (4\text{-}106)$$

式(4-106)中，$\varphi(x)$ 为振型函数。将式(4-106)代入运动平衡方程式(4-105)，得

$$[K]\{\phi(x)\} \sin(\omega t + \varphi) - \omega^2 [M]\{\varphi(x)\} \sin(\omega t + \phi)$$

$$= ([K] - \omega^2 [M])\{\phi(x)\} \sin(\omega t + \varphi)$$

$$= ([K] - \omega^2 [M])\{w\} = 0 \qquad (4\text{-}107)$$

式(4-107)中，由于 $\{w\} \neq 0$，为使平衡方程有非零解，必须 $|[K] - \omega^2 [M]| = 0$

那么，运动平衡方程可化为频率方程，即

$$|[K] - \omega^2 [M]| = 0 \qquad (4\text{-}108)$$

对于频率方程(4-108)的求解，当采用不同的插值函数，其求解方法将产生分歧。

1) 采用多项式插值函数求解

$$[K^e] = [K]_{弯} + [K]_{轴} \qquad (4\text{-}109)$$

采用多项式插值函数求解，由 4.4.2.1 节推导可知：

$$[K_{弯}] = \frac{EI}{l^3} \begin{bmatrix} 12 & 6l & -12 & 6l \\ & 4l^2 & -6l & 2l^2 \\ & & 12 & -6l \\ & & & 4l^2 \end{bmatrix}$$

$$[K_{轴}] = \frac{T}{30l} \begin{bmatrix} 36 & 3l & -36 & 3l \\ & 4l^2 & -3l & -l^2 \\ & & 36 & -3l \\ & & & 4l^2 \end{bmatrix}$$

$$[m] = \frac{\rho A l}{420} \begin{bmatrix} 156 & 22l & 54 & -13l \\ & 4l^2 & 13l & -3l^2 \\ & & 156 & -22l \\ & & & 4l^2 \end{bmatrix} \qquad (4\text{-}110)$$

当采用多项式插值函数求解频率方程(4-108)时,实际上是对静力轴拉梁模型求解,单元刚度矩阵和质量矩阵中都没有涉及到频率。从数学角度上讲,频率方程是一个广义特征值问题,这种情况下,可以方便地得到问题的解答。对于给定索力T,求解有限元频率特征方程(4-108),得到在T作用下拉索的各阶固有频率。

2)采用动力方程精确解插值函数求解

$$[K^e] = EI [C]^\mathrm{T} \cdot [H] \cdot [C]$$
$$[m] = \rho A [C]^\mathrm{T} \cdot [S] \cdot [C] \tag{4-111}$$

式(4-111)中,由4.4.2节推导可知:

$$[C] = \frac{1}{a} \begin{bmatrix} -\dfrac{\varepsilon}{\delta} \cdot c \cdot \mathrm{sh} + s \cdot \mathrm{ch} & -\dfrac{\varepsilon}{\delta} \cdot \mathrm{sh} + s & \dfrac{1 - c \cdot \mathrm{ch}}{\delta} - \dfrac{s \cdot \mathrm{sh}}{\varepsilon} & \dfrac{c - \mathrm{ch}}{\delta} \\[2mm] \dfrac{\varepsilon}{\delta} \cdot s \cdot \mathrm{sh} - c \cdot \mathrm{ch} + 1 & -\mathrm{ch} + c & \dfrac{s \cdot \mathrm{ch}}{\delta} - \dfrac{c \cdot \mathrm{sh}}{\varepsilon} & -\dfrac{s}{\delta} + \dfrac{\mathrm{sh}}{\varepsilon} \\[2mm] c \cdot \mathrm{sh} + \dfrac{\delta}{\varepsilon} \cdot s \cdot \mathrm{sh} & -\mathrm{sh} - \dfrac{\delta}{\varepsilon} \cdot s & \dfrac{s \cdot \mathrm{sh}}{\delta} + \dfrac{1 - c \cdot \mathrm{ch}}{\varepsilon} & \dfrac{\mathrm{ch} - c}{\varepsilon} \\[2mm] -c \cdot \mathrm{ch} - \dfrac{\delta}{\varepsilon} \cdot s \cdot \mathrm{sh} + 1 & \mathrm{ch} - c & -\dfrac{s \cdot \mathrm{ch}}{\delta} + \dfrac{c \cdot \mathrm{sh}}{\varepsilon} & \dfrac{s}{\delta} - \dfrac{\mathrm{sh}}{\varepsilon} \end{bmatrix} \tag{4-112}$$

$$[S] = \begin{bmatrix} \dfrac{\delta l - s \cdot c}{2\delta} & \dfrac{s^2}{2\delta} & \dfrac{\varepsilon \cdot s \cdot \mathrm{ch} - \delta \cdot c \cdot \mathrm{sh}}{\delta^2 + \varepsilon^2} & \dfrac{\varepsilon \cdot s \cdot \mathrm{sh} - \delta \cdot c \cdot \mathrm{ch} + \delta}{\delta^2 + \varepsilon^2} \\[2mm] & \dfrac{\delta l + s \cdot c}{2\delta} & \dfrac{\varepsilon \cdot c \cdot \mathrm{ch} + \delta \cdot s \cdot \mathrm{sh} - \varepsilon}{\delta^2 + \varepsilon^2} & \dfrac{\varepsilon \cdot c \cdot \mathrm{sh} + \delta \cdot s \cdot \mathrm{ch}}{\delta^2 + \varepsilon^2} \\[2mm] & & \dfrac{-\varepsilon l + \mathrm{sh} \cdot \mathrm{ch}}{2\varepsilon} & \dfrac{\mathrm{sh}^2}{2\varepsilon} \\[2mm] & & & \dfrac{\varepsilon l + \mathrm{sh} \cdot \mathrm{ch}}{2\varepsilon} \end{bmatrix} \tag{4-113}$$

$$[H] = \delta^2 \varepsilon^2 \begin{bmatrix} \dfrac{\delta^2}{\varepsilon^2} S_{11} & \dfrac{\delta^2}{\varepsilon^2} S_{12} & -S_{13} & -S_{14} \\[2mm] & \dfrac{\delta^2}{\varepsilon^2} S_{22} & -S_{23} & -S_{24} \\[2mm] & & \dfrac{\varepsilon^2}{\delta^2} S_{33} & \dfrac{\varepsilon^2}{\delta^2} S_{34} \\[2mm] & & & \dfrac{\varepsilon^2}{\delta^2} S_{44} \end{bmatrix} \tag{4-114}$$

式(4-112)至式(4-114)中，$s = \sin(\delta l)$，$c = \cos(\delta l)$，$sh = sh(\varepsilon l)$，$ch = ch(\varepsilon l)$，$a = $
$(\frac{\varepsilon}{\delta} - \frac{\delta}{\varepsilon}) \cdot s \cdot sh + 2(1 - c \cdot ch)$，$\delta^2 = (\zeta^4 + \gamma^4)^{1/2} - \zeta^2$，$\varepsilon^2 = (\zeta^4 + \gamma^4)^{1/2} + \zeta^2$，

$\zeta^2 = \dfrac{T}{2EI}$，$\gamma^4 = \dfrac{m\omega^2}{EI}$。

可以看出，当采用动力方程精确解作为插值函数求解频率方程式(4-108)，单元刚度矩阵和质量矩阵各项都是关于频率的函数，所以频率方程就不是一个简单的求解特征值问题了，必须采用迭代的方法才能求解。首先假定一个频率，得到单元刚度矩阵和质量矩阵，然后用求解广义特征值的方法来求解频率方程，得到自振频率，完成一次迭代。如果得到的自振频率与假设的频率一样，该假设的频率即为所求固有频率；如果得到的自振频率与假设的频率不一样，则用这个求得的圆频率替换假设的频率重新进行计算，直至得到的自振频率与假设的频率一样，迭代结束。

4.5　表征拉索锈蚀程度的时变状态参量

索、杆是由高强钢丝构成，其服役期间在高应力状态下极易产生锈蚀病害，因此，拉索服役期间索力识别，应考虑锈蚀因素。本节引入 Lemaitre 界定金属材料单轴应力状态下疲劳损伤的应变等价原理和几何损伤理论，来修正拉索材料的力学退化参数，提出了表征拉索锈蚀的方法。

索杆体系桥梁的索、杆在服役期间，受风、雨、潮湿的影响，不可避免地会出现锈蚀病害，直接威胁着索杆体系桥梁的安全运营。关于拉索的锈蚀机理及危害，国内外已开展了相关的研究工作，但对服役期间拉索力学性能及其随时间变化的分析与研究，目前尚未建立合理有效的分析模型。从金属材料单轴应力状态下的连续损伤力学角度出发，假定拉索材料退化的主要机制是微缺陷导致的有效承载面积的减小，并引入连续性状态变量 D 来表示拉索中钢丝的锈蚀程度。设拉索初始无锈蚀状态的横截面积为 A_0，出现锈蚀后其锈蚀面积为 A^*，则拉索有效承载面积 $\tilde{A} = A_0 - A^*$，那么锈蚀状态变量 D 为：

$$D = \frac{A^*}{A_0} = \frac{A_0 - \tilde{A}}{A_0} \tag{4-115}$$

显然, $D=0$ 时对应于拉索无锈蚀状态; $D=1$ 时对应于拉索完全锈蚀(断裂)状态; $0<D<1$ 对应于拉索不同程度的锈蚀状态。

考虑到拉索面积减小只影响索应力而不影响索张力,并根据拉索单轴受拉及小应变假定,作用在索截面上索张力为:

$$T = \sigma A_0 = \tilde{\sigma}\tilde{A} \tag{4-116}$$

式(4-116)定义了有效应力 $\tilde{\sigma}$,由式(4-115)和(4-116),得:

$$\tilde{\sigma} = \frac{\sigma}{1-D} \tag{4-117}$$

当拉索材料有锈蚀损伤后,其锈蚀损伤程度理论上可以直接测定,但实际操作极为困难。通过引入 Lemaitre 界定金属材料单轴应力状态下疲劳损伤的应变等价原理,拉索的锈蚀程度可运用应变等价原理进行间接确定,拉索锈蚀状态下的变形行为可通过有效应力来体现。这一原理认为,应力 σ 作用在锈蚀拉索上引起的应变与有效应力 $\tilde{\sigma}$ 作用在无损拉索上引起的应变等价,如图4-8所示。

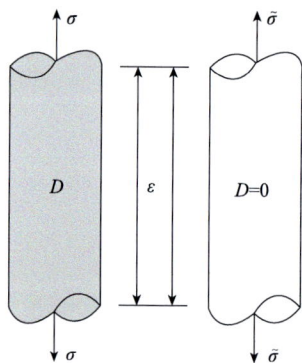

图4-8 锈蚀拉索的应变等价

根据应变等价原理,可得到:

$$\varepsilon = \frac{\sigma}{\tilde{E}} = \frac{\tilde{\sigma}}{E} = \frac{\sigma}{(1-D)E} \tag{4-118}$$

或

$$\sigma = E(1-D)\varepsilon \tag{4-119}$$

由式(4-115)和(4-118),得:

$$\tilde{E} = \frac{\tilde{A}}{A_0}E \tag{4-120}$$

式中: E ——拉索材料在完好无锈蚀状态下的弹性模量;

$\tilde{E}$ ——锈蚀拉索的弹性模量,可称为有效弹性模量。

当拉索在服役期间出现锈蚀病害时,通过修正拉索材料的力学退化参数来表征锈蚀损伤,体现在把拉索无损时的弹性模量 E 折减为锈蚀后的弹性模量 $\tilde{E}$ 。由此可得到:

$$D = 1 - \frac{\tilde{E}}{E} \tag{4-121}$$

由上可知,在实际工程中,运用以上应变等价原理和几何损伤理论,通过适当折减拉索材料的弹性模量来表征拉索的锈蚀病害,达到较为真实地反映拉索结构在服役期间的锈蚀程度。

4.6　索力搜索与参数识别

在给定索力下,通过求解拉索结构的振动方程,得到各阶固有频率,这在数学上是一个典型的广义特征值问题,可以方便地得到问题的解答,然而索力识别是通过已获取的拉索自振频率来求索力,这实际上是一个特征值反问题。由于数学上对特征值反问题的求解方法研究尚未成熟,直接求解特征值反问题将面临极大困难。本章利用 4.4 节建立的拉索结构精细化分析的动态有限元分析模型,结合索力搜索和参数识别等优化理论,将拉索结构有限元模态分析和索力有限元识别有机地结合起来,避免了直接求解特征值反问题这一难题,形成了动态有限元索力识别技术。

当然,如果对于边界条件比较明确,比如,利用减振器的尺寸和橡胶的弹模等参数就可准确计算出减振器的刚度,可不必启用多参数识别技术,利用索力搜索就能方便求得索力,同时精度也能满足要求。

4.6.1　索力搜索

索力搜索就是把索力 T 当成自变量,在沿索长适当的范围内以一定的步长 Δ 对索力进行历遍搜索,寻找出最合理的索力,因此,索力搜索实际上是一个单参数优化识别问题。假定一个索力 T,通过求解特征值问题,得到任意第 i 阶的计算频率 f^i_{FEM},把 f^i_{FEM} 看成索力 T 的函数 $f^i_{FEM} = f^i_{FEM}(T)$;另一方面,通过实测振动频率,也可获取第 i 阶测试频率 f^i_{MEAS},而最合理的索力可以认为是计算频率与振动测试频率相等时的索力 T_x,即:

$$f^i_{FEM}(T_x) = f^i_{MEAS} \tag{4-122}$$

当拉索在单跨振动下,给出索力搜索的合理区间 $[T_g, T_j]$。以一定的步长 Δ 在搜索区间内进行搜索,通过对拉索模态的重复计算 f^i_{FEM},直到找出 $T_x =$

$T_l + x\Delta$,使 $f_{FEM}^i(T_x) = f_{MEAS}^i$,最终得到索力搜索的合理结果 T_x。对特定索力每搜索一次,都需要进行一次有限元模态分析,因此,当采用历遍搜索算法时,求解的计算量大,计算时间长,为提高效率,利用二分法提高搜索速度,因为根据大量的历遍搜索计算发现,索力 T 的计算频率函数 $f_{FEM} = f_{FEM}(T)$ 在索力合理区间是一个单调函数,所以可以利用二分法进行快速搜索,这大大提高了计算效率。

然而,对于多跨弹性支撑的拉索系统,索力搜索的合理区间比较难给出,这种情况下,利用牛顿迭代法进行索力快速搜索。给定一个初值,如设计索力,牛顿迭代法也可快速计算出合理索力。因此,在索力搜索过程中,根据拉索结构系统的不同构造特点,采用了二分法和牛顿迭代法索力搜索算法,都达到了线性收敛速度,大大提高了计算效率,缩短了计算时间。

4.6.2 参数识别

采用索力搜索,只需要振动测试出准确的第 i 阶测试频率 f_{MEAS}^i,即可进行索力计算,计算的精度取决于其他参数取值的准确性。因为计算频率函数 f_{FEM}^i 实际上不只是索力 T 的函数,同时也是索长 L、线密度 m、抗弯刚度 EI 等参数的函数,即 $f_{FEM}^i = f_{FEM}^i(T, L, m, EI, \cdots)$。如果各种参数取值误差比较大时,采用索力搜索的误差就比较大,这时必须采用参数识别技术。参数识别技术可以采用能量法进行识别,也可以转化成多参数优化问题进行求解。这时振动测试要求获取多阶的测试频率,一般不少于三阶。

能量法识别适用于简单边界的拉索,识别的参数除了索力 T 外,还可以识别拉索的抗弯刚度 EI、端部刚性支撑的竖向刚度 k 和转动刚度 k_w 等。基于轴拉梁理论和能量法推导出测定索力的基本识别公式为:

$$4\pi^2 f_{MEAS}^i = \frac{EI\int \Phi''^2(x)\,\mathrm{d}x + T\int \Phi'^2(x)\,\mathrm{d}x + k\Phi(x_1) + k_w\Phi'(x_2)}{m\int \Phi^2(x)\,\mathrm{d}x}$$

$$(4\text{-}123)$$

式(4-123)中,$\Phi(x)$、$\Phi'(x)$、$\Phi''(x)$ 分别为选取的近似振型函数及其一阶导数、二阶导数。

采用能量法进行参数识别时,首先选取近似的振型函数 $\Phi(x)$,振动测试到某一阶实测频率 f^i_{MEAS} 就可建立一个方程,因此,振动测试到多阶实测频率,就可联立多个方程形成方程组,通过求解方程组,可准确获取结构中的待定参数。一般都能获取至少三阶实测频率,因此可以选取索力 T、抗弯刚度 EI 和端部刚性支撑转动刚度 k_w 等参数作为未知参数,求解方程组,便可求出相应的参数,从而识别出索力等参数。

采用能量识别法的精度受到选取的近似振型函数 $\Phi(x)$ 的影响。如果选得准确,识别的精度很高,但是一般都有误差,从而精度有限。在求解方程组具有较大的难度,因为方程具有强烈的非线性,所以这限制了能量识别法的应用范围。

多参数识别也可以转化成优化问题求解。对应于拉索参数识别的优化问题,选取的目标函数为:

$$\min J = \sum_{i=1}^{n} w_i (f^i_{FEM} - f^i_{MEAS})^2 \tag{4-124}$$

式(4-124)中,f^i_{FEM} 和 f^i_{MEAS} 分别是有限元计算所得和试验测定的拉索第 i 阶固有频率,w_i 是对应误差的权重,n 是测量中所得频率的最高阶次。

当所有计算及实测频率与真实频率相比均没有误差时,易知式(4-124)中,目标函数 $J=0$,此时有限元模型的参数值即为拉索参数的真实值。在工程实际中,由于计算和实测总存在误差,且受到客观限制而不能获得全部固有频率,拉索参数的真值本身也存在一个波动范围,故式(4-124)中目标函数值总是大于零,而式(4-124)的解也只能是拉索参数真解的一个近似值。当目标函数 J 足够小时,可以认为该近似解即为拉索参数的真实值。

基于式(4-124)可以派生出两种主要的参数识别方法,即单参数识别和多参数识别。单参数识别是指假定拉索除一个参数未知外,其他参数都是已知的,仅对该未知参数进行识别。在单参数识别法中,又可以采用两种方式,即用单个频率多次识别后求平均值和用多个频率一次识别参数值。多参数识别是指同时对拉索的多个未知参数识别。索力搜索实际上就是一个单参数识别问题,对应的目标函数中,误差权重 w_i 取为 1,测试的频率阶次为第 i 阶,并假设测试的第 i 阶频率无误差,即 $\min J = (f^i_{FEM} - f^i_{MEAS})^2 = 0$,所以,可得索力搜索的合理判断准则:$f^i_{FEM}(T_x) = f^i_{MEAS}$。

多参数优化识别法相比能量识别法具有较高的精度,而且优化问题的求解多种多样,将多参数识别转化成优化问题来解决,相比求解非线性方程组,更简洁方便。

为了简明介绍多参数识别转化成优化问题的原理,不考虑分析模型误差,则当分析模型采用拉索参数真值时,计算所得频率真值,记为 $f_t^i (i=1,2,\cdots)$;采用参数识别值时计算所得频率识别值,记为 $f_e^i (i=1,2,\cdots)$。则频率误差真值 Δf_t^i 和频率误差识别值 Δf_e^i 分别为:

$$\Delta f_t^i = f_t^i - f_{meas}^i \tag{4-125}$$

$$\Delta f_e^i = f_e^i - f_{meas}^i \tag{4-126}$$

将频率估计值展开为频率真值的泰勒级数,为简明起见,仅取一阶泰勒展开式,即:

$$f_e^i = f_t^i + \sum_{j=1}^{m}\left(\frac{\partial f^i}{\partial x_j}\right)_t \Delta x_j + o(\Delta x) \tag{4-127}$$

将式(4-127)带入式(4-126),并略去高阶小量,得:

$$\Delta f_e^i = f_t^i + \sum_{j=1}^{m}\left(\frac{\partial f^i}{\partial x_j}\right)_t \Delta x_j - f_{meas}^i \tag{4-128}$$

由式(4-125),并采用向量表达,可得:

$$\{\Delta f\}_e = \{\Delta f\}_t + \sum_{j=1}^{m}\left(\frac{\partial f}{\partial x_j}\right)_t \Delta x_j \tag{4-129}$$

那么,由式(4-129)知道,频率误差识别值(向量)包括两个部分:第一部分为频率误差真值(向量);第二部分是频率(向量)对各参数的偏导数在其真值处的取值(向量)与该参数误差 Δx_j 的乘积之和,各参数误差 Δx_j 对频率误差(向量)的贡献记为 $\{\Delta f_i\}$。测试完成后,频率误差真值(向量)是确定的,不能改变;识别的过程实际上就是使式(4-125)中的 Δx_j 趋近于0。但由于单参数识别法仅考虑对多个参数中的单个参数 x_r 进行修正,此时可能会出现以下两种情况:

(1)如果 x_r 取得真值,此时其他参数的误差 Δx_j 对误差(向量)$\{\Delta f_i\}$ $(i\neq r)$(仍然存在,此时 $\{\Delta f\}_e$ 不是极小值。如果 x_r 是关心的唯一参数,则这一结果是希望得到的。

（2）如果要使 $\{\Delta f\}_e$ 尽可能小，则得到式(4-124)在约束条件(除了 x_i 以外，其他参数取设计值)下的解，但一般情况下，x_i 不能取得其真值，这并不是想要的结果。

显然，在实际情况下只会得到第(2)种情况下的结果，这时所有参数均不能取得其真值。这是单参数识别法存在的一个难以解决的根本问题。由于测试和计算频率间的差异可能来自其他拉索参数，故传统的采用单个频率对拉索张力进行识别的方法是不准确也不可靠的。因此，在实际工程中，采用多参数识别方法准确度会更高。从式(4-125)知，当各个参数的 Δx_i 趋近于 0 时，频率误差识别值 Δf_e^i 趋近于频率误差真值 Δf_t^i。这表明同时修正多个比较敏感的参数，可以使频率误差趋近于其真值，此时计算模型亦更接近真实情况。

将多参数识别问题转化成优化问题后，可采用求解优化问题的各种成熟算法来求解。比如多参数历遍搜索法、零阶优化法、一阶优化法等。

零阶优化方法之所以称为零阶优化方法，是由于它只用到因变量而不用到它的偏导数。在零阶方法中有两个重要的概念：目标函数和状态变量的逼近方法，由约束的优化问题转换为非约束的优化问题。零阶算法是在一定次数的抽样基础上，拟合设计变量、状态变量和目标函数的响应函数，从而寻求最优解，故又可称其为子问题方法。通过用几个设计变量序列计算目标函数，然后求得各数据点间最小平方实现的该结果曲线(或平面)叫做逼近。每次优化循环生成一个新的数据点，目标函数就完成一次更新。实际上是逼近被求解最小值而并非目标函数。状态变量也是同样处理的，每个状态变量都生成一个逼近，并在每次循环后更新。函数曲线(或曲面)的形式可采用线性拟合、平方拟合或平方加交叉项拟合。状态变量和设计变量的数值范围约束了设计，优化问题就成为约束的优化问题。转换是通过对目标函数逼近加罚函数的方法计入所加约束的。搜索非约束目标函数的逼近是在每次迭代中用 Sequential Unconstrained Minimization Technique(SUMT)实现的。在每次循环结束时都要进行收敛检查，当目前的、前面的或最佳设计是合理的，而且满足下列条件之一时，问题就是收敛的：①目标函数值由最佳合理设计到当前设计的变化应小于目标函数允差。②最后两个设计之间的差值应小于目标函数允差。③从当前设计到最佳合理设计所有设计变量的变化值应小于各自的允差。④最后两个设计所有设计变量的变化值应小于各自的允差。

一阶优化方法同零阶优化方法一样,一阶方法通过对目标函数添加罚函数将问题转换为非约束的,但是,与零阶方法不同的是,一阶方法将真实的有限元结果最小化,而不是对逼近数值进行操作。一阶方法使用因变量对设计变量的偏导数。在每次迭代中,梯度计算(用最大斜度法或共轭方向法)确定搜索方向,并用线搜索法对非约束问题进行最小化。因此,每次迭代都有一系列的子迭代(其中包括搜索方向和梯度计算)组成。这就使得一次优化迭代有多次分析循环。一阶方法在收敛或中断时结束。在当前的设计序列相对于前面的和最佳序列满足下面任意一种情况时,问题就收敛:①目标函数值由最佳合理设计到当前设计的变化应小于目标函数允差;②从当前设计到前面设计目标函数的变化值应小于允差。同时要求最后的迭代使用最大斜度搜索,否则要进行附加的迭代。与零阶方法相比,一阶方法计算量大且结果精确。但是,不能保证最佳求解。下面是一些注意点:

一阶优化方法可能在不合理的设计序列上收敛。这时可能是找到了一个局部最小值,或是不存在合理设计空间。如果出现这种情况,可以使用零阶方法,因其可以更好地研究整个设计空间,然后以合理设计序列为起点重新运行一阶方法。

一阶优化方法更容易获得局部最小值。这是因为一阶方法从设计空间的一个序列开始计算求解,如果起点很接近局部最小值的话,就会选择该最小值而找不到全局最小值。如果怀疑得到的是局部最小值,可以用零阶方法验证。

4.7 本章小结

本章基于 Przemieniecki 动态有限元基本思想,根据拉索结构构造特点和振动特征,分别选取轴拉梁单元和动态轴拉梁单元来模拟拉索的受力特性,推导各自的形函数、单元刚度矩阵和单元一致质量矩阵。通过讨论轴拉梁单元和动态轴拉梁单元选用的插值函数形式及其精度,动态轴拉梁单元能较为真实地模拟拉索的振动特性,在能量变分原理的基础上,建立了一种精细化分析拉索结构的动态有限元力学分析模型,并转化为广义特征值问题来求解拉索的固有频率。

本章提出的带初始内力拉索动态有限单元的优势是能准确模拟桥梁拉索复杂边界约束,可以充分考虑拉索结构的细部构造,包括减振器(架)的减振刚度、拉索近梁端防护套筒、附加质量块、锚头端部的边界条件及多支点弹性(黏弹性)支撑边界等,带初始内力拉索动态有限单元,丰富了索动力计算模式。本章引入 Lemaitre 界定金属材料单轴应力状态下疲劳损伤的应变等价原理和几何损伤理论,来修正拉索材料的力学退化参数,通过适当折减拉索材料的弹性模量来表征拉索的锈蚀病害,达到较为真实地反映拉索结构在服役期间的锈蚀程度,增强了索力测试的技术指导性。

利用动态有限元法分析拉索结构的振动特性,由于形函数、单元刚度矩阵和单元一致质量矩阵中各项都是关于固有频率的函数,求解拉索的频率就不是一个简单的广义特征值问题,必须采用迭代的方法求解。先设定一个固有振动频率的初值,求出动态单元刚度矩阵和动态单元一致质量矩阵,然后用广义特征值求解出固有频率,并重新代入动态单元刚度矩阵和动态单元一致质量矩阵,再一次用广义特征值求解出固有频率,如此循环迭代,直至固有频率趋于稳定。

索力有限元识别是求解固有频率的反问题,依据现场测试得到的拉索固有频率,通过分析拉索有限元力学模型来求解索力。而对此广义特征值的反问题,直接求解在数学上遇到困难。本章将拉索结构有限元振动模拟和索力有限元识别有机地结合起来,避免了直接求解特征值反问题这一难题。首先利用本章建立的拉索结构精细化分析的动态有限元力学模型进行有限元模态分析,得到拉索结构的有限元动力方程,求解特征值问题,获得拉索结构的固有频率和振型,然后结合索力搜索或参数识别等优化理论,把索力当成自变量,在沿索长适当的范围内以一定的步长对索力进行搜索,找出最合理的索力。本章给出的拉索索力识别的动态有限元法,避免了直接求解特征值反问题这一难题,形成动态有限元索力识别技术。

第5章

索杆体系桥梁基于波传播分析的
吊杆锚头冲击响应

5.1 概　　述

　　索杆是系杆拱桥、斜拉桥、悬索桥等索杆体系桥梁的高效传力构件,而其两锚固端约束边界及对车辆荷载的冲击响应是桥梁安全运营管养的重点和难点。现行基于频率法测定索力技术精度达不到要求,因略去了高阶频率而不能识别吊杆锚固区域的真实索动力响应,在应用于复杂边界与车辆荷载的约束耦合时无能为力。通过对运营期间实际索杆体系桥梁的吊杆振动测试,受行驶车辆冲击力作用,拾取吊杆端部在锚固接头区域的振动信号,显示索、杆的两锚固端经常处于高频振动状态,如图5-1所示。

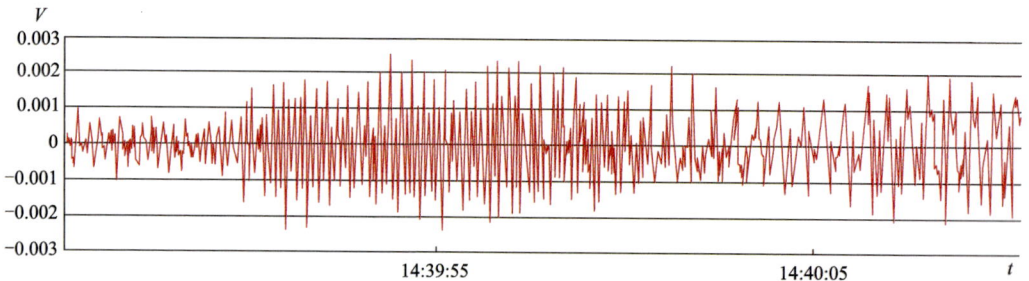

图5-1　桥梁缆索智能检测机器人在吊杆端部拾取的高频振动信号

　　大型索杆体系桥梁是国家重要基础设施,当前对于索、杆锚固接头所处复杂几何及力学边界的动应力传递途径和疲劳损伤机理方面的研究基本是空白的,明显滞后于索杆体系桥梁工程实践,且随着社会对交通运输能力的不断提高,再加上我国超载车辆问题长期没有得到解决,近些年因超载超限车辆过桥,引发索杆体系桥梁垮塌的事故时有发生。2019 年 10 月 1 日,南方澳跨海大桥发生倒塌事故,图 1-1 为该桥垮塌前瞬态回放图,当时只有一辆油罐车过桥,大桥拱肋上吊索的断裂始于跨中右侧吊索在拱肋的锚固接头处,当拱顶附近的这根吊索从拱肋上脱落时,油罐车已驶出跨中区段,之后几秒内结构体系渐次崩溃。行驶车辆遇桥面不平整或发动机抖动等因素引起的扰动由近及远传播出去而形成冲击波,车辆荷载引起的桥梁结构局部构件的瞬时冲击响应,即车辆荷载产生的冲击波在桥梁结构体系中达到静力平衡前的传播过程往往被忽略。桥梁设计规范采用冲击系数来计入车辆荷载冲击力的影响,其冲击系数取值与桥梁的基频相关,即车辆荷载冲击作用下,桥梁结构整体参与受力,这对跨径较小的桥梁是适用的,但对几百米甚至超千米级索杆体系桥梁,受车辆荷载冲击作用,冲击波在桥梁结构体系中尚未达到平衡前,大跨桥梁结构的某些主要承重构件还未来得及参与整体受力,那么,依规范得到的冲击系数来考虑车辆荷载冲击力对长大跨桥梁结构影响的方法欠妥。实际上,车辆荷载不仅使车轮冲击直接作用的桥面板出现疲劳损伤,而且在索、杆锚固接头刚度存在突变区域成为疲劳易损部位。大跨桥梁中吊杆、拉索等局部构件的冲击响应是研究重点,而如何从桥梁工程结构整体可靠性基本思想来模拟索杆体系桥梁结构体系的局部构件受车辆荷载作用的冲击响应,摸清处于复杂边界约束的索、杆锚固接头对车辆荷载的传力行为和拉索动力响应,是大跨公路索杆体系桥梁运营期间亟须解决的科学问题。

　　本章依据第 2 章给出的索杆体系桥梁基于波传播的车-桥耦合振动方法,以及第 3 章建立的索、杆锚固接头冲击波传播理论模型,搭建了吊杆锚固接头冲击波传播试验平台,借助分析锚头处冲击传感器收集的高频振动信号,精细量化吊杆锚固接头局部细节对冲击荷载的冲击响应和锚头疲劳损伤机理,制定索杆结构体系桥梁基于波传播分析的车-桥耦合振动系统所控制的吊杆预警索力识别实施方案,并运用基于波传播的车-桥耦合振动分析方法来解析索杆体系桥梁服役期间倒塌工程事故案例。

5.2　基于波传播分析的吊杆锚固接头冲击响应

拉索是由高强钢丝构成的柔性构件,也是大跨径索杆体系桥梁的高效传力构件,而其两锚固端往往受到刚度较大构件(如梁、拱肋、主塔、悬索)的约束,那么,当索杆体系桥梁结构构件间刚度差异大的索、杆锚固接头区域受到车辆冲击荷载作用,其传力过程和服役期间实际所处的力学行为较为复杂,鉴于当前对于索、杆锚固接头的动应力传递途径和疲劳损伤机理方面的研究基本是空白的,为此,搭建吊杆锚固接头冲击波传播创新试验平台,对单根吊杆在冲击荷载作用下拉索的冲击响应及疲劳损伤机理进行了多种工况的测试。

5.2.1　拉索锚固接头冲击波试验平台

为摸清拉索锚固边界与车辆冲击荷载的约束耦合关系,验证吊杆锚固接头冲击波理论模型的有效性及锚头疲劳损伤机理,基于波传播理论分析方法,搭建拉索振动试验平台,图 5-2a)为创新试验平台布置的侧立面图,图 5-2b)为试验实景照片,试验平台框架是由 H 型钢和槽钢搭建组成的钢结构反力架,可以适应调节拉索长度变化、吊杆倾角变化、与吊杆两端相连结构的刚度比变化、拉索预张力变化等工况,满足试验精度要求。通过分析重物小球自由下落产生的冲击力在索、杆锚头区域的传播、反射和相互作用的过程,较为真实地反映出索(杆)锚固接头对冲击荷载的传力过程及动力响应。将索、杆锚固接头冲击波传播动力响应程序接入试验平台,当在索、杆的下冲击端和上锚固端安装冲击传感器,传感器安装调试好后,振动信号经过数据传输后,在网页端或者 APP 端能够实时查看任一时间的索力值和频谱图,如图 5-3 所示。平台试验成果对索杆体系桥梁工程实践具有重要的应用价值。

5.2.2　拉索锚固接头冲击波模型试验

拉索锚固接头冲击波模型试验的制作,依据桥梁结构试验基本原理,在试验平台制作拉索振动模型。图 5-4 为研究吊杆锚固接头约束状态采用的吊杆冲击波传播模型试验实景照片。图 5-4a)为研究短吊杆下冲击端和上锚固端瞬时索力影响规律而制作的试验模型;图 5-4b)为研究长吊索上锚头受冲击荷载作用疲劳损伤机理而制作的试验模型。

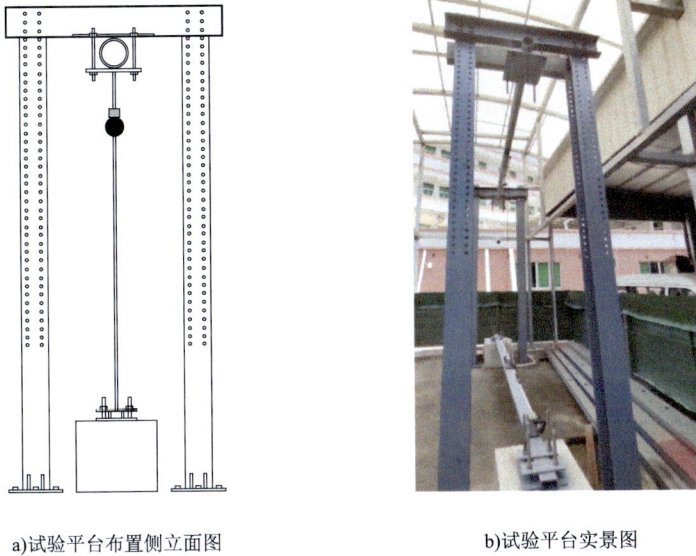

a)试验平台布置侧立面图　　　　　　　　　b)试验平台实景图

图 5-2　吊杆冲击波试验装置图

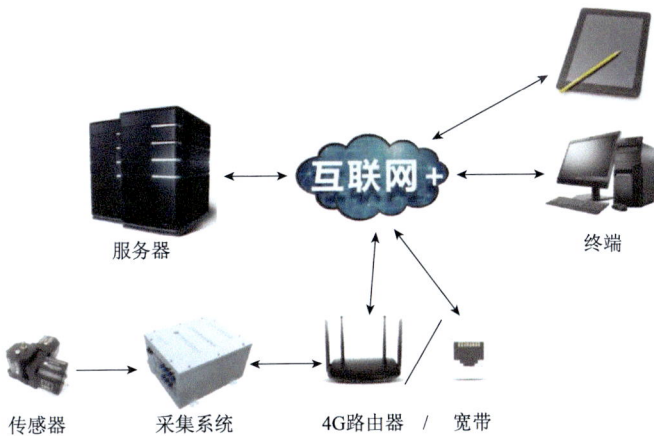

服务器　　　　　　　　　　　　　　　　终端

传感器　　采集系统　　4G路由器　/　宽带

图 5-3　冲击波传播试验平台检测系统组成

　　通过调整反力架中槽钢在 H 型钢上的高度,来控制索的无应力竖向长度;通过调整高强钢丝上锚固端在钢梁跨内不同预留孔的相应位置来实现索倾角的变化。在索的上锚固端及下冲击端布设有传感器,并与超动态应变仪相连,图 5-5 为模型试验所用仪器示意图,当重物钢球自由下落冲击在主梁上瞬间,同时记录吊索下冲击端和上锚固端的瞬时振动信号。研究吊杆内力沿索长分布不均匀现象(当钢球冲击主梁瞬间,同时拾取吊索下冲击端、上锚固端的振动信息)。通过模型试验,研究与吊索两端相连结构构件的刚度比变化时,锚头瞬时索力的变化规律。同一组试验中,保持直接承受冲击的钢梁形状或刚度不变,通过改变拉索上锚固端结构的截面抗弯惯矩(实现拉索上锚固端构件刚度变化的目的),研究与索相连构件的刚度比变化时,锚头瞬时索力的变化规律。结合桥梁工程中拉索实际构造情况,试验研究内容包括:①系统研究吊索长度变化、倾角变化对索动力的影响规律。②系统研究当与索相连的上锚固端结构(如拱肋)刚度变化时,对索动力的影响规律。③吊索初始索力值变化时,对索动力的影响规律。

a)短吊杆冲击波试验实景图　　　　b)长吊杆冲击波试验实景图

图 5-4　吊杆锚固接头冲击波模型试验装置图

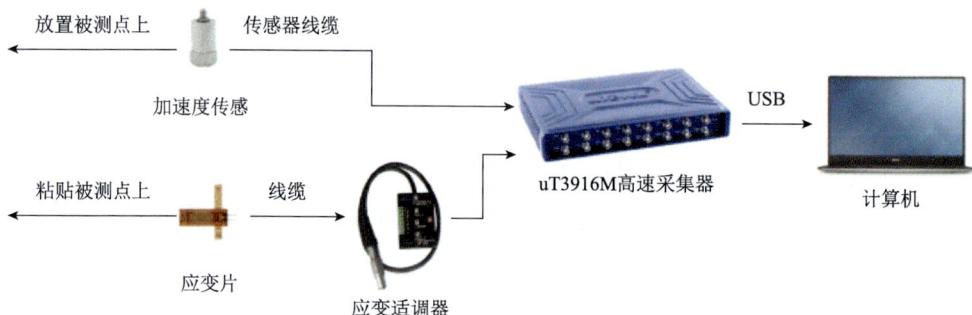

图 5-5　模型试验设备示意图

5.2.3　拉索锚固接头冲击响应分析

图 5-2 为研究系杆拱桥长吊杆锚固接头受冲击荷载作用的试验装置图及试验实景照片,利用拉索冲击波传播试验平台,制作了 4 组吊杆冲击波模型试验,考察梁与拱肋刚度比变化、吊杆倾角变化情况下的索动力响应。吊杆上锚固端拱肋采用圆钢管模拟,圆钢管安装固定在钢结构反力架上,圆钢管的两端用钢板及高强螺栓连接,以便可以根据拱肋截面尺寸,调整与吊杆下冲击端对中,图 5-2a)所示。吊杆下锚固端均为壁厚 1mm 的薄槽钢件,支撑在混凝土墩上,跨中设有一个高强钢丝预留孔。吊杆(高强钢丝)在锚固端和冲击端均用镀锌钢丝绳 U 形索夹和配套垫片进行锚固。通过调整高强钢丝上锚固端在圆钢管跨内不同预留孔的相应位置来实现索—拱夹角 α 的变化。试验中,在长吊杆的上锚固端、吊杆中部及吊杆下冲击端均布设有冲击传感器,通过拾取吊杆在这些位置的振动信号,可得到吊杆受到冲击荷载的冲击响应。取吊杆为直径 7mm 的高强钢丝,无应力竖直索长度为 4m。吊杆上锚固端拱肋采用定制圆钢管,圆钢管壁厚 1.5mm,通过改变拱肋截面直径 D,实现改变截面惯性矩的大小,分别取外径为 $D=10\text{mm}$、50mm、80mm 和 100mm 四种拱肋截面形式,从而达到改变拱肋刚度及索上锚固边界的目的,拱肋圆钢管在跨中及跨内布设多个高强钢丝预留孔,实现索—拱夹角 α 为 $\alpha=\pi/4$、$\alpha=\pi/3$、$\alpha=\pi/2$,夹角 $\beta=0$。

将重物钢球从距离索的下冲击端为 3.5m 高处自由落体作用在薄槽钢件上,钢球半径 $r=0.02\text{m}$,材料的弹性模量 $E=2.06\text{GPa}$,泊松比 $\mu=0.3$,密度 $\rho=7.85\text{kg/m}^3$。当索下端受到重物钢球冲击,研究索-拱锚固接头的拱肋刚度以及索-拱夹角 α 变化时,索上锚固端接头处索轴力 N_1 的动力响应。图 5-6 ~ 图 5-9 给出了 4 组吊杆冲击波数值模拟结果(拱肋直径 $D=10\text{mm}$、50mm、80mm 和 100mm 四种情形),每组试验中考察吊杆倾角变化情况下的吊杆上锚头索动力 N_1 的响应。由图 5-6 ~ 图 5-9 可知,吊杆上端轴力 N_1 的数值模拟值与第 3 章拉索锚固接头动力响应程序得到的理论曲线,二者变化趋势一致,验证了吊杆锚固接头动力响应程序的有效性。由图 5-6 ~ 图 5-9 可知,当拱肋刚度变化(截面直径 D 取值不同)和索-拱夹角变化($\alpha=\pi/4$、$\alpha=\pi/3$、$\alpha=\pi/2$)情况,将索-拱接头的索上端轴力 N_1 的最大值列于表 5-1。通过对比分析理论值和数值模拟结果,得到索-拱接头受钢球冲击时索动力响应的一些规律。

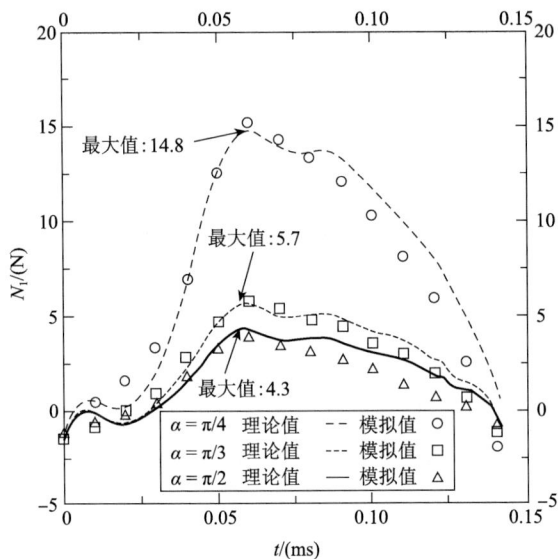

图 5-6　拱肋 $D = 10mm$ 索倾角变化对索动力 N_1 响应

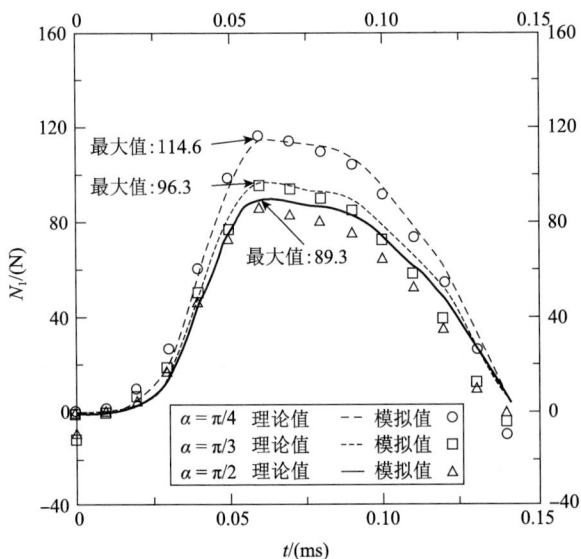

图 5-7　拱肋 $D = 50mm$ 索倾角变化对索动力 N_1 响应

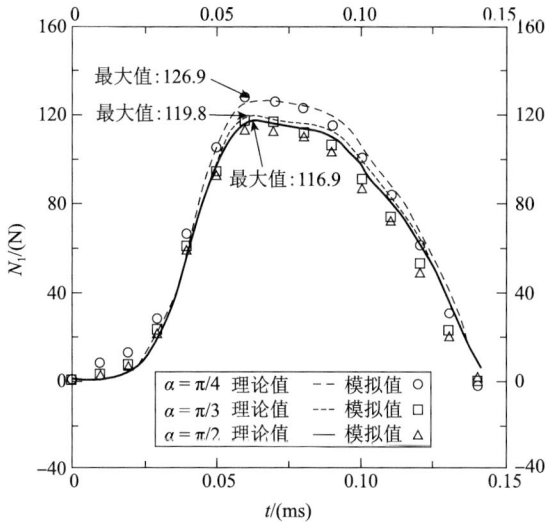

图 5-8　拱肋 $D=80$ mm 索倾角变化对索动力 N_1 响应

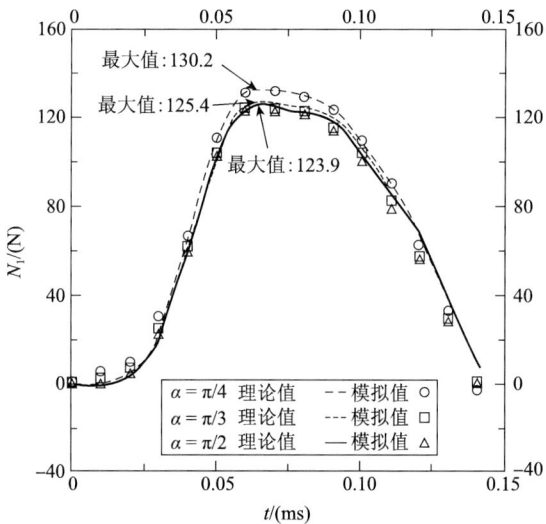

图 5-9　拱肋 $D=100$ mm 索倾角变化对索动力 N_1 响应

当梁与拱肋刚度比一定时,对长索而言,随着索-拱夹角 α 的减小(从 $\alpha=\pi/2$ 变化到 $\alpha=\pi/4$ 范围内),索上端轴力 N_1 逐渐增大,因此,斜吊索比竖直吊索在索-拱锚固接头处动力响应大,长斜索比竖直吊索更易出现疲劳问题。受小球冲击瞬间,由图 5-6 ~ 图 5-9 各时刻 N_1 的动力响应图形可以看出,当 D 值(拱肋直径取值)一定时,$\alpha = \pi/4$ 的 N_1 值位于各图形最上方,$\alpha = \pi/2$ 时的 N_1 值位于各图形最下方,$\alpha = \pi/3$ 时介于二者之间。表明当梁与拱肋刚度比一定时,斜吊杆比竖直吊杆在上锚头处更易产生疲劳损伤。

拱肋刚度对索-拱锚固接头的索动力响应起控制性作用。由表 5-1 可知,相同的冲击力作用于索-拱接头的吊杆冲击端,而由于与吊杆相连的上部构件(拱肋)刚度有差异,索上锚固端索动力 N_1 最大值相差可达一个数量级。随着拱肋刚度的增大,索上端的轴力 N_1 迅速增大,倾角对索动力的影响越来越不明显。当拱肋刚度较小时,吊索(杆)上端轴力 N_1 对索-拱夹角 α 的变化比较敏感;随着拱肋刚度的增大,吊索(杆)上端轴力 N_1 对索-拱夹角 α 的变化越来越不敏感。由图 5-6 拱肋 $D = 10\text{mm}$ 可以看出,因 α 变化引起的 N_1 值差异较大,随着 D 值增大,由 α 角变化引起的 N_1 值的差异越来越小,$\alpha = \pi/4$、$\alpha = \pi/3$、$\alpha = \pi/2$ 三条线的 N_1 值随着 D 值增大越来越接近,到图 5-9 拱肋 $D = 100\text{mm}$ 情况,三条线有相互重合的趋势。

拱肋刚度及倾角变化情况下的索-拱锚头处最大索动力 N_1 值　　　表 5-1

拱肋直径	索-拱夹角		
	$\alpha = \pi/4$	$\alpha = \pi/3$	$\alpha = \pi/2$
$D = 10\text{mm}$	14.8N	5.7N	4.3N
$D = 50\text{mm}$	114.6N	96.3N	89.3N
$D = 80\text{mm}$	126.9N	119.8N	116.9N
$D = 100\text{mm}$	130.2N	125.4N	123.9N

由上述冲击波在单根长吊杆传播的上锚头索轴力 N_1 动力响应可知,通过逐步增加拱肋钢管直径,来研究当梁与拱刚度比逐渐减小情况的吊杆上锚固区接头处的冲击波传播行为及其疲劳损伤机理,可用于解释索杆体系桥梁随运营时间的增长,因主梁直接承受车辆荷载冲击,病害多,刚度下降比拱肋快,梁与拱刚度比下降而导致长吊杆上锚头索力急剧增大,从而加剧上锚头疲劳损伤。另外,对吊杆两端锚固细节进行车辆活荷载冲击波传力行为的基础研究,可以加深对既有索杆体系桥梁运营期间预警索力研究的必要性和紧迫性认识。

5.3　大跨索杆体系桥梁基于车-桥耦合振动分析的拉索预警索力识别

前面章节从斜拉桥、系杆拱桥、悬索桥等桥梁结构体系由行驶车辆带来的冲击波在索杆体系桥梁的结构构件间不同介质界面的传播、反射和相互作用的过程出发,分析冲击波在索杆体系桥梁各主要传播途径所需时间及传递时差,研究复杂拉索边界与动载的约束耦合关系及其传力机理,建立精细化分析拉索结构的有限元动力学模型,以此为基础,构建运营状态大跨索杆体系桥梁的车-桥耦合振动仿真分析模型,揭示车辆随机振动对索杆体系桥梁的拉索传力影响规律,结合三维激光雷达数据处理大跨公路桥梁在收费站的车辆称重资料以及自动图像模式识别技术,探讨拉索结构体系内部参数对索动力特性的影响规律,给出大跨公路索杆体系桥梁基于波传播分析的车-桥耦合振动预警用索力识别方法,将公路索杆体系桥梁车-桥耦合振动控制的预警索力置于索杆结构体系中识别,从体系的二维模型到三维模型,实现高速公路拉索桥梁的车路协同安全预警,技术路线如图 5-10 所示。

5.3.1　机器学习识别索杆体系桥梁损伤

索杆体系桥梁服役期间所处的结构状态,受建成年代、材料性能、设计理念、施工工艺水平、服役环境、荷载水平、构造细节、管养评估水平等多因素关联(x_1,x_2,……,x_n),桥梁的实际性能随服役时间延长而不断降低发生变迁,研究大跨索杆体系桥梁由行驶车辆引起的冲击波对索杆结构体系桥梁实际服役状态的影响。实际上,桥梁当前服役状态需考虑桥梁结构体系各重要组件的刚度随服役时间推移在多因素影响下而衰减的影响。结合三维激光雷达和影像遥感等人工智能技术,现场扫描新建成大跨径斜拉桥、系杆拱桥、悬索桥等在通车前主梁、拉索、桥塔、主缆、拱肋等结构位形,现场扫描桥梁运营 1 年、3 年、5 年、10 年后索杆体系桥梁结构体系各主要构件的位形。依据扫描的在役斜拉桥、系杆拱桥、悬索桥的激光云点动态变化数据,自动提取大桥主梁、桥塔、拱肋、主缆、吊杆、斜拉索等的损伤位置和程度数据,并与成桥之初对应数据比较,计入制造误差、材料初始缺陷、服役环境温度、环境湿度、运营车辆情况、河床冲刷等多时变因素耦联影响,结合在各类型索杆体系桥梁材料及疲劳荷载长期作用下时变效应研究成果,建立基于人工智能的卷积神经网络 MATLAB 深度学习框架,如图5-11 所示。

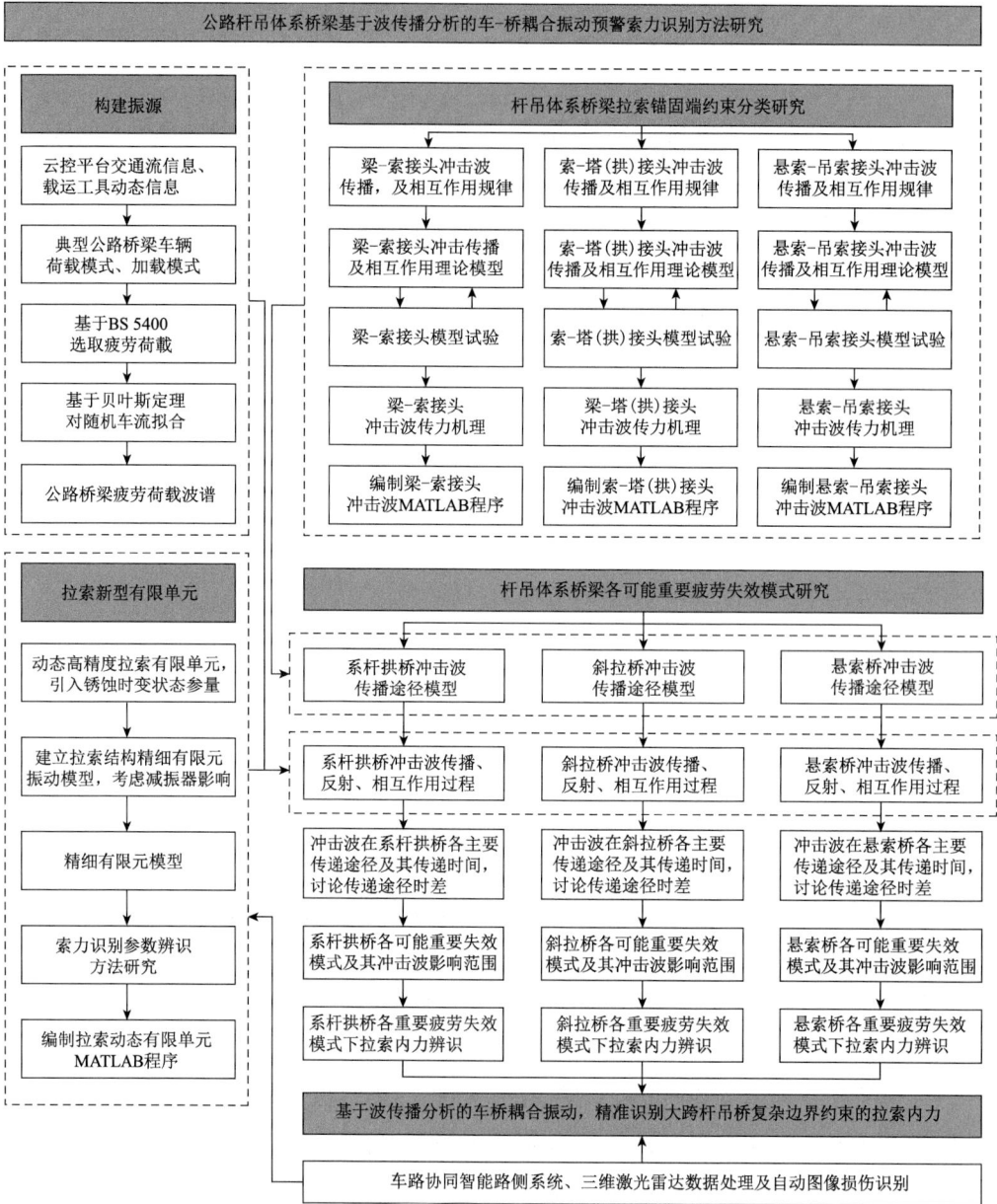

图 5-10　基于波传播分析的车-桥耦合振动识别大跨索杆体系桥梁拉索的预警索力技术路线图

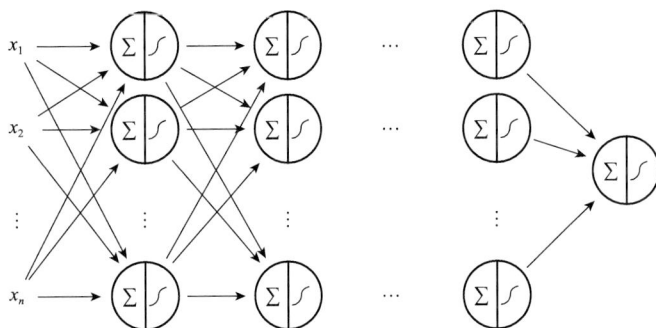

图 5-11　基于卷积神经网络(CNN)深度学习的 MATLAB 框架示意图

　　通过深度神经网络学习斜拉桥、系杆拱桥、悬索桥等大跨索杆体系桥梁典型病害,建立大跨拉索桥梁基于三维激光扫描点云视觉成像的主梁、桥塔、主缆、拱肋等构件疲劳损伤时变模型,构造考虑缺陷、损伤的有限单元,接入有限元分析软件 ANSYS 平台上,实现比较理想地在有限元分析中表征影响桥梁状态退化的各时变因素。

　　(1)借助三维激光雷达数据处理及自动图像遥感数据,选择 1～2 座典型斜拉桥进行现场病害调查。要对斜拉桥典型病害及其周边环境做详尽的观察、记录和测量,尤其要观察和测量与病害相关的环境因素,引入表征斜拉桥主梁、桥塔等构件疲劳损伤和结构刚度衰减程度的时变状态参量和新型有限单元,接入有限元分析软件 ANSYS 平台。

　　(2)借助三维激光雷达数据处理及自动图像遥感数据,选择 1～2 座典型悬索桥进行现场病害调查。要对悬索桥典型病害及其周边环境做详尽的观察、记录和测量,尤其要观察和测量与病害相关的环境因素,引入表征悬索桥加劲梁、主缆、桥塔等构件疲劳损伤和结构刚度衰减程度的时变状态参量和新型有限单元,接入有限元分析软件 ANSYS 平台。

　　(3)借助三维激光雷达数据处理及自动图像遥感数据,选择 1～2 座典型系杆拱桥进行现场病害调查。要对系杆拱桥典型病害及其周边环境做详尽的观察、记录和测量,尤其要观察和测量与病害相关的环境因素,引入表征系杆拱桥主梁、拱肋等构件疲劳损伤和结构刚度衰减程度的时变状态参量和新型有限单元,接入有限元分析软件 ANSYS 平台。

5.3.2　界限车辆疲劳荷载波谱

　　将上节疲劳损伤累积的随机模型推广至确定车辆动载效应的最大值。根据第 2 章车辆随机小扰动波引起的大跨索杆体系桥梁结构体系二维模型的各可能重要失效模式及其冲击波影响范围,计入上节结构构件时变损伤,应用可靠性理论,考虑索杆体系桥梁结构体系桥梁各构件重要性权重及结构局部与整体相关屈曲,导出斜拉桥、系杆拱桥、悬索桥等大跨索杆结构体系可靠性的界限跨阈率作用值[18,119],及其界限车辆疲劳荷载波谱[18]。设构件在寿命期内受到 n 个平衡随机应力的相继作用,可分别对每一个应力过程求疲劳损伤的贝叶斯条件转移概率密度,将他们依次相乘并积分,可得任意两个时刻之间的疲劳损伤的条件转移概率密度[18],按文献[109]提供的方法,得到大跨索杆体系桥梁考虑各构件累积疲劳损伤基于桥梁纵向一维路面模型的汽车垂向界限车辆疲劳荷载波谱。具体内容为:

　　(1)根据第 2 章得到的大跨斜拉桥结构体系各可能重要失效模式及其冲击波影响范围,计入上节大跨斜拉桥结构的梁、索、塔等构件时变损伤,应用可靠性理论,考虑斜拉桥结构体系桥梁各构件重要性权重及结构局部与整体相关屈曲,导出大跨斜拉桥结构体系可靠性的界限跨阈率作用值[18,119],及其界限车辆荷载疲劳波谱[18],得到大跨斜拉桥结构体系基于桥梁纵向一维路面模型的汽车垂向界限车辆疲劳荷载波谱。

　　(2)根据第 2 章得到的大跨悬索桥结构体系各可能重要失效模式及其冲击波影响范围,计入上节大跨悬索桥结构的梁、索、塔等构件时变损伤,应用可靠性理论,考虑悬索桥结构体系各构件重要性权重及结构局部与整体相关屈曲,导出大跨悬索桥结构体系可靠性的界限跨阈率作用值[18,119],及其界限车辆荷载疲劳波谱[18],得到大跨悬索桥结构体系基于桥梁纵向一维路面模型的汽车垂向界限车辆疲劳荷载波谱。

　　(3)根据第 2 章大跨系杆拱桥结构体系各可能重要失效模式及其冲击波影响范围,计入上节大跨系杆拱桥结构的梁、索、拱肋等构件时变损伤,应用可靠性理论,考虑系杆拱桥结构体系桥梁各构件重要性权重及结构局部与整体相关屈曲,导出大跨系杆拱桥结构体系可靠性的界限跨阈率作用值[18,119],及其界限车辆荷载疲劳波谱[18],得到大跨系杆拱桥结构体系基于桥梁纵向一维路面模型的汽车垂向界限车辆疲劳荷载波谱。

5.3.3 索杆体系桥梁基于波传播分析的车-桥耦合振动预警索力

在有限元分析软件 ANSYS 平台上接入第 3 章和第 4 章编制的程序模块,将考虑疲劳锈蚀损伤累积的随机模型推广至三维空间,建立大跨径索杆体系桥梁车-桥耦合振动的 3D 空间整体有限元时变模型,应用可靠性理论,通过考虑索杆体系桥梁结构体系的各构件重要性权重及结构局部与整体相关屈曲,判定桥梁在界限车辆疲劳荷载波谱作用下的失效路径及失效模式,给出大跨索杆体系桥梁在各可能失效模式下的风险值,以及导致桥梁各重要构件损伤时变因素对桥梁性能退化的贡献率,综合评定大跨索杆体系桥梁服役期间的承载力,精准识别拉索在各可能重要失效模式下的预警索力,实现高速公路拉索桥梁的车路协同安全预警,具体如下:

(1)建立服役大跨斜拉桥结构体系车-桥耦合振动的 3D 空间整体有限元时变模型,考虑界限随机车流疲劳荷载作用下,结构体系各可能重要失效模式的风险值,精准识别斜拉索在各可能重要失效模式下的预警索力。

(2)建立服役大跨悬索桥结构体系车-桥耦合振动的 3D 空间整体有限元时变模型,考虑界限随机车流疲劳荷载作用下,结构体系各可能重要失效模式的风险值,精准识别悬索桥吊杆在各可能重要失效模式下的预警索力。

(3)建立服役大跨系杆桥结构体系车-桥耦合振动的 3D 空间整体有限元时变模型,考虑界限随机车流疲劳荷载作用下,结构体系各可能重要失效模式的风险值,精准识别系杆桥吊杆在各可能重要失效模式下的预警索力。

在此基础上,基于智慧高速公路车路协同理念[120-123],对大跨拉索桥梁交通运行实施精细化管控,信息化升级高速公路路侧基础设施,丰富智慧交通出行信息服务平台,为在役大跨公路索杆体系桥梁拉索结构的索力准确识别及实时运维管理提供理论依据和技术支撑,让出行人员能够享受到智慧交通带来的安全、高效、愉悦的美好出行体验,缓解交通拥堵,实现汽车更安全、高效地在交通咽喉区大跨拉索桥梁上顺畅通行。

车路协同技术是提高现有道路运行安全、通行效率、用户体验与节能减排的重要手段,基于云控平台交通流动态信息、载运工具动态信息,通过研究大跨径索杆体系桥梁结构体系界限随机车流疲劳荷载在桥梁上的荷载横向分布,提供由界限随机车流疲劳荷载波谱控制的最优车道布置;利用微信、地图等基于位置的诱导信息,主动推送给用户车道级定位及诱导,推荐单车及关键车队的行驶车道、行驶速度;结合大跨公路桥梁在收费站的车辆静态称重数据,对重点车辆实行车道使用限制管理,通过设置红绿灯交通信号,对超限车辆发布禁行指令;提供传感器类型、精度及布置位置,提高大跨高速公路拉索桥梁服务水平,为我国在役大跨索杆体系桥梁结构体系实时安全运维提供预警服务。

5.4 大跨系杆拱桥运营期间垮塌工程事故案例解析

近些年索杆体系桥梁运营期间全桥或部分节段垮塌的事故时有发生。实际上,索杆体系桥梁的索、杆长期处于张紧的高应力状态下服役,受外界气候、环境及车辆荷载作用,易累积锈蚀和疲劳损伤,索力较成桥之初发生了变迁,桥梁的病害没有得到及时发现,对病害的危害认识不足,且服役期间超载车辆屡禁不止,桥梁的正常使用寿命大大缩短或局部损毁。本节运用基于波传播分析的车-桥耦合振动方法解析南方澳跨海大桥运营期间车毁桥事故。

5.4.1 吊杆破坏位置及失效次序

南方澳跨海大桥为一座跨海公路大桥,桥位所处位置为潮湿多雨的海洋环境,1998 年建成通车,2019 年 10 月 1 日垮塌,图 1-1 为南方澳跨海大桥垮塌前瞬态图,当时只有一辆油罐车过桥,大桥拱肋上吊杆的断裂始于跨中右侧吊杆的拱肋的锚固接头处,当拱顶附近的这根吊杆从拱肋上脱落时,油罐车已驶出跨中区段,之后几秒内结构体系渐次崩溃。

图 5-12 为南方澳跨海大桥吊杆布置及破坏位置示意图,吊杆的上、下锚头设置在拱圈和主梁锚箱内部,吊索破坏有两种方式,一种是吊索钢绞线断裂(图 5-13),另一种是吊索锚头的锚环破裂(图 5-14)。由事故调查现场获得的吊索下锚头损伤照片图 5-13 知,吊索下锚头都存在不同程度的锈蚀病害,且桥跨右侧吊索大体上比左侧吊索锈蚀程度严重,尤其是 7 号、10 号、12 号、13 号吊索下锚头近锚固端处的钢绞线严重锈蚀,这四根吊索在下锚头附件钢绞线的有效承载面积损失严重,下锚头近锚固端钢绞线基本为锈断,桥跨右侧吊

索下锚头照片详见图 5-15 ~ 图 5-18。下锚头发生锈蚀病害的重要原因是其锚固设计采取了开口向上的锚箱,且锚箱没有设置泄水孔,导致吊索下锚头及其根部长期浸泡在锚箱内积水中,图 5-19 吊索下锚头锚箱积水示意图,图 5-20 为 11 号吊索下锚头锚箱积水的照片。由事故调查现场获得的吊索上锚头照片图 5-14 知,吊索上锚头锚杯断裂普遍存在,而未发现明显锈蚀,且桥跨左侧吊索上锚头断裂情况比右侧严重,除在桥端部 1 号、13 号吊索上锚头的锚环都出现微裂缝外,桥跨左侧吊索上锚头锚环全部断裂,而右侧仅在较长 8 号吊索上锚头的锚环断裂。

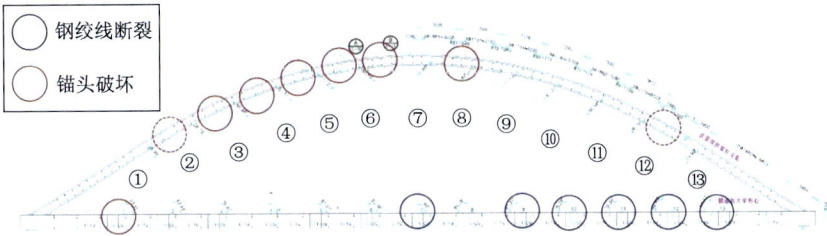

图 5-12 吊杆布置及破坏位置示意图

图 5-13 吊索下锚头损伤照片

图 5-14　吊索上锚头损伤照片

图 5-15　9 号吊索下锚头照片

图 5-16　10 号吊索下锚头照片

图 5-17　11 号吊索下锚头照片

图 5-18　12 号吊索下锚头照片

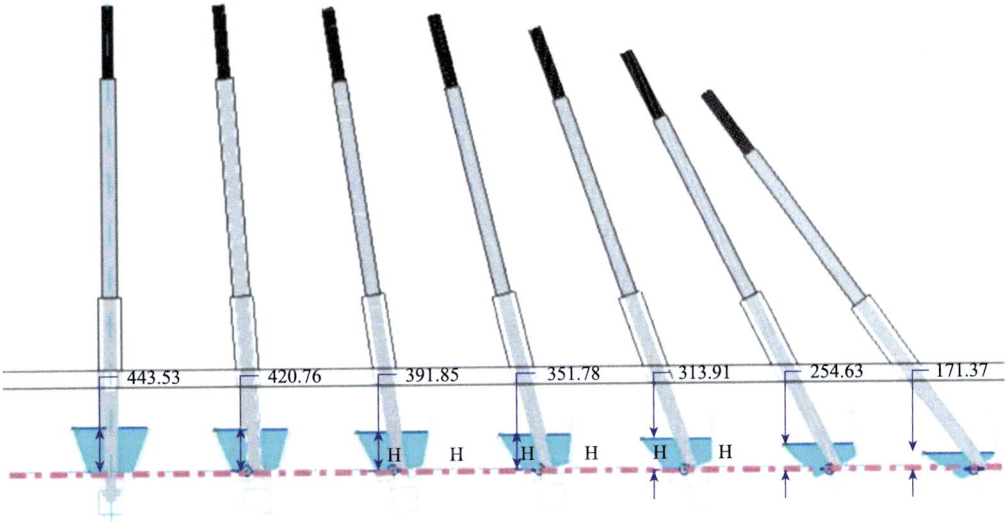

图 5-19　吊索下锚头锚箱积水示意图(尺寸单位:m)

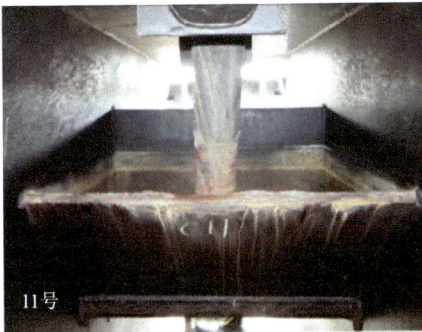

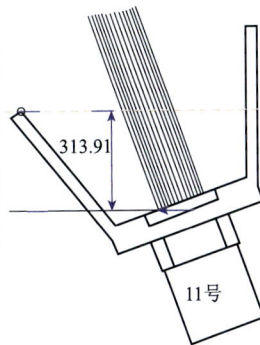

图 5-20　11 号吊索下锚头锚箱积水图(尺寸单位:m)

由以上大桥事故调查现场照片,结合大桥倒塌全过程视频,将公路索杆体系桥梁基于波传播分析的车-桥耦合振动方法应用于解析南方澳跨海大桥服役期间坍塌工程事故,南方澳跨海大桥吊索的断裂次序为:当油罐车行驶至跨中区域,因跨中 7 号吊索下锚头处的钢绞线存在严重锈蚀,7 号吊索下锚头处的钢绞线断裂,直接引起跨中附近桥面发生突然向下位移,一方面,8 号吊索接收到过大的竖向车辆冲击荷载,导致 8 号吊索在拱肋上的锚头疲劳断裂,另一方面,已经严重锈蚀的 10 号吊索下锚头钢绞线断裂;随后,与 10 号吊索相邻的 9 号吊索和 11 号吊索下锚头钢绞线不堪负载而拉断(11 号吊索下锚头虽然有锈蚀痕迹,但在锚头根部有金属光泽,仍然可以受力,下锚头钢绞线破坏形式与 9 号吊索相似,为受力过大而拉伸破坏),6 号吊索在上锚头疲劳断裂;接下来,12 号吊索下锚头、13 号吊索下锚头处钢绞线断裂,4 号、5 号、3 号、2 号、1 号吊索在上锚头陆续断裂,大桥结构体系随着长吊杆的失效,发生链式反应,而渐次崩溃。表 5-2 是大桥吊杆可能的失效次序。

大桥吊索的失效次序   表 5-2

吊索编号	破坏方式		破坏次序						
	吊索断裂	锚头破坏							
1		○							7th
2		○						6th	
3		○					5th		
4		○				4th			
5		○				4th			
6		○			3rd				
7	○		1st						
8		○		2nd					
9	○				3rd				
10	○			2nd					
11	○				3rd				
12	○					4th			
13	○					4th			

由表 5-2 知,大桥拱肋上吊索的断裂始于跨中右侧 8 号长吊索在拱肋的锚头处,基于波传播分析的车-桥耦合振动方法不仅在索杆体系桥梁的局部效应和早期效应分析方面具有优势,而且在厘清复杂吊索锚固边界与动载的约束耦合关系及索动力响应方面具有优势。应用基于波传播分析的车-桥耦合振动方法解析长吊索上锚头受车辆荷载作用,导致长吊杆在上锚头受车辆冲击而疲劳失效的原因。

5.4.2　长吊杆疲劳失效分析

在系杆拱桥结构体系中,主梁和拱肋的刚度比会影响车辆荷载冲击波在体系各传递途径的传力效率。若主梁抗弯刚度比较大,由行驶车辆引起的冲击波经过梁-索锚头处时,在吊杆中产生的透射波很小,主梁基本上承担了全部的冲击荷载,冲击波主要是沿着主梁传递至基础,而吊杆(索)和拱肋基本没有起到作用;若主梁和拱肋动刚度比合理,主梁、拱肋将通过吊索共同承担外部冲击荷载,吊索的受力也比较合理,每个结构构件将充分发挥各自作用,冲击波在系杆拱桥中每条途径的传力效率将达到最佳状态;若主梁抗弯刚度相对比较小,而拱肋抗弯刚度比较大,类似于图 5-12 所示系杆拱桥情形,长期运营期间受到重载车辆、甚至超载车辆反复作用,主梁刚度逐渐降低,主梁受损严重,则运营期间梁与拱肋的刚度比、甚至索力分布较成桥之初的体系状态发生了较大变化。桥梁倒塌前车辆冲击波在主梁传递途径上的传播极为有限,主梁没有来得及整体参与受力,吊索(尤其是长吊索)在破坏前与拱肋连接处可近似为固定边界,即索-拱锚头的长吊索上锚固端所处力学边界条件接近于固定端,接下来着重讨论这种情形的长吊索受车辆移动荷载冲击后的传力行为。

对长吊索而言,车辆荷载对其受力的最不利工况是车辆行驶到达系杆拱桥跨中的时候,7 号吊索下锚头近锚固端处的钢绞线存在严重锈蚀而首先断裂失效,此处桥面突然发生竖直向下的位移,相当于 8 号长吊索下端受到入射轴力 N_0 的冲击作用,产生沿索长往上传递的入射纵波 u_0 的传播,因索只能承受拉伸波,由入射纵波 u_0 产生的吊索冲击端的质点运动方向沿索长向下,会引起与其相邻的上部拉索介质质点发生相对运动(变形),且上部拉索介质质点的运动会滞后于吊索下冲击端索质点的运动,吊索上部质点有沿索长往上运动的趋势,而由于与索相连的拱肋刚度较大,在吊索上端近似为固定边界,当入射纵波 u_0 往上传递至索-拱接头时,在索-拱锚固接头冲击波分配控制方程式(3-13)中,考虑

上锚头边界条件 $v_2 = v_3 = 0$，$u_2 = u_3 = 0$，得到 $u_0 = -u_1$，即长吊索在索-拱锚固接头处的反射波 u_1 大小与入射波 u_0 大小相同，而质点运动方向与入射波 u_0 相反，在索-拱锚头处的反射波 u_1 也是拉伸波，反射波与入射波叠加后，加剧了吊索上锚固端部质点往上运动的趋势，而遇刚度大的拱肋边界约束，在索-拱接头处吊索质点运动速度 $\dfrac{\partial(u_0 + u_1)}{\partial t}$ 将为零。这种工况下，8 号长吊索在索-拱锚固接头处的瞬时索轴力 N_1 如式(5-1)，即在长吊索的索-拱锚头处产生的瞬时轴力 N_1 可达到入射轴力 N_0 的两倍，8 号长吊索在上锚固根部将会出现严重的应力集中：

$$N_1 = E_1 A_1 \frac{\partial u_0}{\partial x_1} - E_1 A_1 \frac{\partial u_1}{\partial x_1} = 2N_0 \tag{5-1}$$

因而，当油罐车行驶于系杆拱桥跨中工况，主梁因累积了大量损伤，再加上 7 号吊索在下锚头处锈断，冲击波沿主梁跨中往桥两端传递的范围极为有限，在 8 号长吊索下端接收到车辆及 7 号吊索突然断裂引起的冲击波，会引起 8 号吊索下冲击端介质质点往桥面下方运动，并沿 8 号吊索往上传递至拱肋的索-拱锚固接头，由外部冲击波引起的扰动在吊索介质质点达到静力平衡前所需时间，伴随着入射冲击波在其影响范围内沿长吊索及索-拱接头中传播、反射和相互作用的过程，由于介质质点的运动有滞后特征，所以，这一工况的结构或构件瞬时或局部效应表现出来时，外部冲击荷载在这个过程中发生了显著变化，甚至已作用完毕。由油罐车行驶于跨中引发 8 号长吊索在索-拱锚头局部区域拉索动索力过大，我们注意到，长吊索从拱肋脱落瞬间，外部冲击荷载(油罐车)已驶出跨中区域，即将到达拱脚。依据冲击波在其传递途径的传播、反射和相互作用过程及其传递途径上介质质点运动滞后特性，可较完美解释这一现象。而实际最先破坏的长吊索往往还要考虑索倾角对锚头处索动力的影响，且还应考虑成桥初始索力值的影响。

利用 5.2.3 节的长吊杆上锚固接头冲击响应分析结果，反演事故系杆拱桥垮塌的服役历程。实际上，大跨公路索杆体系桥梁车-桥耦合振动的安全可靠性和索动力响应，依赖于与索两端相连构件的结构动刚度匹配。事故桥梁倒塌前，主梁动刚度衰减比拱肋动刚度衰减快，拱肋刚度对索-拱锚头的索动力响应起控制性作用，8 号长吊杆上锚头随服役时间延长，因梁与拱刚度比下降，当油罐车行驶至跨中时，且相邻的 7 号吊杆下锚头已锈断，桥面突然发生下挠位移，相当于 8 号长吊杆下端冲击力突然增加。从图 5-13 知,8 号长吊杆下锚头钢绞线完好,可以将这个突然的冲击力沿索往上传递给拱肋,因而与 8 号吊杆上锚头相连的拱肋刚度对上锚头索动力响应起控制性作用,上锚头索力急剧增大,从而导致 8 号索上锚头的锚环突然疲劳断裂。

5.5　本章小结

为摸清索、杆锚固接头对车辆荷载的冲击响应及锚头疲劳损伤机理,本章基于波传播理论分析方法,搭建拉索振动试验平台,制作了 4 组吊杆冲击波模型试验,研究单根吊杆在冲击荷载作用下拉索动力冲击响应及疲劳损伤机理。

利用重物小球冲击数值模拟值与索-拱锚固接头动力响应程序得到的理论结果比较,二者吻合较好,验证了基于波传播分析的索-拱锚固接头动力响应程序的有效性,对比分析了索-拱锚头的吊杆倾角和拱肋刚度变化对索动力响应。研究表明拱肋刚度对索-拱锚头的索动力响应起控制性作用;而当拱肋刚度一定时,斜吊杆比竖直吊杆在索-拱锚头处动力响应大,斜吊杆更易出现疲劳问题。

通过量化吊杆锚固接头局部细节对冲击荷载的冲击响应和锚头疲劳损伤机理研究,加深了对既有大跨索杆体系桥梁运营期间减灾和预警索力研究的必要性和紧迫性认识。制定了索杆结构体系桥梁基于波传播分析的车-桥耦合振动系统所控制的吊杆预警索力识别实施方案。结合三维激光雷达和影像遥感等人工智能技术,通过深度神经网络学习索杆体系桥梁典型病害损伤,在分析模型中引入考虑构件损伤的状态参量。建立运营大跨索杆体系桥梁基于波传播分析的车-桥耦合振动仿真分析 3D 空间整体模型,应用可靠性理论,通过考虑索杆体系桥梁的各构件重要性权重及结构局部与整体相关屈曲,判定桥梁在界限车辆疲劳荷载波谱作用下的失效路径及失效模式,研究索杆体系桥梁在各可能失效模式下拉索锚头冲击波传播规律,将公路索杆体系桥梁车-桥耦合振动控制的预警索力置于索杆结构体系中识别。给出大跨索杆体系桥梁在各可能失效模式下的风险值,以及导致桥梁各重要构件损伤时变因素对桥梁性能退化的贡献率,综合评定大跨索杆体系桥梁服役期间的承载力,精准识别拉索在各可能重要失效模式下的预警索力。

基于智慧交通车路协同理念,利用三维激光雷达数据处理大跨公路桥梁在收费站的车辆称重资料以及自动图像模式识别技术,给出一套大跨公路索杆体系桥梁基于波传播分析的车-桥耦合振动预警用失效全过程风险评估方法,精准辨识预警索力。实现大跨公路索杆体系桥梁的车路协同安全预警,丰富智慧交通出行信息服务平台,为在役大跨公路拉索桥梁拉索结构的索力准确识别及实时运维管理提供理论依据和技术支撑,让出行人员能够享受到智慧交通带来的安全、高效、愉悦的美好出行体验。

以南方澳跨海大桥运营期间遭重载车过桥引起长吊索在拱顶附近断裂继而垮塌为工程实例,从桥梁工程结构整体可靠性基本思想,考虑吊杆实际锈蚀等损伤状况,运用基于波传播分析的车-桥耦合振动方法,给出了系杆拱桥结构体系遇重载车过桥时各吊杆可能的失效次序。结合索-拱锚头冲击模型结果,反演大桥长吊索上锚头受车辆荷载作用的冲击响应,解析长吊索疲劳失效原因,随后结构体系发生链式损毁,而渐次崩溃。

第6章

结论与展望

索、杆是斜拉桥、系杆拱桥、悬索桥等索杆体系桥梁的高效传力构件,而其两锚固端约束边界及其对车辆荷载的冲击响应是大跨桥梁运营期间管养亟须解决的关键问题。面临当前公路桥梁高速、大运载量的发展趋势,现有基于频率法测定索力技术因略去了高阶频率而不能识别索(杆)锚固区域的真实索动力响应,在应用于复杂边界与车辆荷载的约束耦合时无能为力。为摸清索杆体系桥梁的索、杆锚固端约束边界情况及其对车辆冲击荷载的瞬时传力行为,在大数据信息化的基础上,提出大跨公路索杆体系桥梁基于波传播分析的车-桥耦合振动方法,构建模型-荷载-响应-评估四项功能模块,旨在实现索杆体系桥梁服役状态的智能分析与评估。本章对全书的工作进行总结,并对今后需要进行和深入的工作目标和方向进行展望。

6.1 主要结论

(1)从分析索杆体系桥梁由车辆荷载产生的冲击波在结构体系的主要传递途径为视角,提出基于波传播分析的车-桥耦合振动方法,建立索杆体系桥梁在随机车流疲劳荷载作用下的二维冲击波传递路径分析模型。依次分析斜拉桥、系杆拱桥、悬索桥等索杆体系桥梁,当桥面主梁受竖向冲击荷载产生的入射脉冲作用时,冲击波传递至基础的途径,并总结出车辆过桥传递冲击荷载(入射脉冲)的两种工况:工况1,对靠近墩台的入射脉冲,由主梁传递至墩台;工况2,远离墩台的冲击荷载,在主梁中产生的入射脉冲主要通过两种传递途径传播至基础:一种是通过主梁直接传递至基础;另一种是通过与主梁相连的拉索传递,将冲击波由拉索一端往上传递到拉索另一端,再由与拉索另一端相连的结构(主塔、悬索或拱肋)传递至基础(锚碇)。

(2)通过讨论车辆沿桥梁(道路)纵向行驶,遇路面不平整或发动机抖动引起的随机小扰动波在桥面传递过程中的特点,以及随机小扰动波在传播过程中遇刚度差异大的不同介质界面(如拉索锚固接头区域)传播行为,解释车辆移动荷载产生的冲击波在传播过程中质点运动滞后现象。接着对车辆过桥,讨论随机小扰动波在工况2下大跨斜拉桥各主要传播途径所需时间及传递时差,得到大跨斜拉桥各可能重要失效模式及其冲击波影响范围;讨论随机小扰动波在工况2下大跨系杆拱桥各主要传播途径所需时间及传递时差,得到大跨系杆拱桥各可能重要失效模式及其冲击波影响范围;讨论随机小扰动波在工况2下大跨悬索桥各主要传播途径所需时间及传递时差,得到大跨悬索桥各可能重要失效模式及其冲击波影响范围。

(3)依据车辆随机小扰动波在索杆体系桥梁各构件传递的先后次序和索、杆锚固接头构造特点,分析车辆冲击波作用在索杆体系桥梁构件间刚度差异大的索、杆锚固接头区域传力行为,提出基于波传播分析的车-桥耦合振动方法,建立索(杆)锚固接头冲击波传播理论模型,编制波传播理论的索(杆)锚固接头动力响应程序,定量研究拉索端部结构在车辆冲击荷载作用下对索弹性约束影响,精细化分析大跨公路索杆体系桥梁的索、杆锚固接头与车辆荷载的约束耦合关系。

(4)利用达朗贝尔原理,建立索、杆锚固接头冲击波传播理论模型和二维波动控制方程,通过分析车辆荷载产生的冲击波在索杆体系桥梁和结构构件间不同界面的传播、反射和相互作用的过程,研究车辆冲击波在索、杆锚固区接头处的传播行为,给出拉索锚固接头处冲击波分配微分控制方程,考虑锚固接头处位移协调性,将入射波、反射波及透射波的波形方程代入控制方程求解,得到入射波通过锚固接头的影响矩阵,量化吊杆锚固接头对车辆冲击荷载的响应,用MATLAB 编制冲击波传播拉索锚固接头分配程序。具体包括:①梁-索锚固接头冲击波传播理论模型,研究梁-索锚固接头处的传力机理,编制相应的 MATLAB 计算程序;②索-塔(拱肋)锚固接头冲击波传播理论模型,研究索-塔(拱肋)锚固接头处的传力机理,编制相应的 MATLAB 计算程序;③悬索-吊索锚固接头冲击波传播模型,研究悬索-吊索锚固接头处的传力机理,编制相应的 MATLAB 计算程序。

(5)基于动态有限元基本思想,根据拉索结构构造特点和振动特征,分别选取轴拉梁单元和动态轴拉梁单元来模拟拉索的受力特性,推导各自的形函数、单元刚度矩阵和单元一致质量矩阵。通过讨论轴拉梁单元和动态轴拉梁单元选用的插值函数形式及其精度,动态轴拉梁单元能较为真实地模拟拉索的振动特性,在能量变分原理的基础上,建立了一种精细化分析拉索结构的动态有限元力学分析模型,可以充分考虑拉索结构的细部构造,包括减振器(架)的减振刚度、拉索近梁端防护套筒、附加质量块、锚头端部的边界条件及多支点弹性(黏弹性)支撑边界等,丰富了索动力计算模式。通过引入界定金属材料单轴应力状态下疲劳损伤的应变等价原理和几何损伤理论,来修正拉索材料的力学退化参数,通过适当折减拉索材料的弹性模量来表征拉索的锈蚀病害,达到较为真实地反映拉索结构在服役期间的锈蚀程度,增强了索力测试的技术指导性。

(6)利用动态有限元法分析拉索结构的振动特性,由于形函数、单元刚度矩阵和单元一致质量矩阵中各项都是关于固有频率的函数,求解拉索的频率就不是一个简单的广义特征值问题,必须采用迭代的方法求解。先设定一个固有振动频率的初值,求出动态单元刚度矩阵和动态单元一致质量矩阵,然后用广义特征值求解出固有频率,并重新代入动态单元刚度矩阵和动态单元一致质量矩阵,再一次用广义特征值求解出固有频率,如此循环迭代,直至固有频率趋于稳定。索力有限元识别是求解固有频率的反问题,依据现场测试得到的拉索固有频率,通过分析拉索有限元力学模型来求解索力,而拉索索力识别的动态有限元法,将拉索结构有限元振动模拟和索力有限元识别有机地结合起来,避免了直接求解特征值反问题这一难题,形成动态有限元索力识别技术。

(7)为摸清索、杆锚固接头对车辆荷载的冲击响应及锚头疲劳损伤机理,利用拉索振动试验平台制作了 4 组吊杆冲击波模型试验,研究单根吊杆在冲击荷载作用下拉索动力冲击响应及疲劳损伤机理。利用重物小球冲击数值模拟值与索-拱锚固接头动力响应程序得到的理论结果比较,二者吻合较好,验证了基于波传播分析的索-拱锚固接头动力响应程序的有效性。研究索-拱锚头的吊杆倾角和拱肋刚度变化对索动力响应,分析表明拱肋刚度对索-拱锚头的索动力响应起控制性作用;而当拱肋刚度一定时,斜吊杆比竖直吊杆在索-拱锚头处动力响应大,斜吊杆更易出现疲劳问题。

(8)针对大跨索杆体系桥梁随服役年限延长实际承载性能不断衰减和索力变迁的现状,制定了索杆体系桥梁基于波传播分析的车-桥耦合振动系统所控制的吊杆预警索力识别实施方案。结合三维激光雷达和影像遥感等人工智能技术,通过深度神经网络学习索杆体系桥梁典型病害损伤,在分析模型中引入考虑构件损伤的状态参量。建立运营大跨索杆体系桥梁基于波传播分析的车-桥耦合振动仿真分析 3D 空间整体模型,应用可靠性理论,通过考虑索杆体系桥梁结构体系的各构件重要性权重及结构局部与整体相关屈曲,判定桥梁在界限车辆疲劳荷载波谱作用下的失效路径及失效模式,研究索杆体系桥梁在各可能主要失效模式下拉索锚头冲击波传播规律,将公路索杆体系桥梁车-桥耦合振动控制的预警索力置于索杆结构体系中识别。给出大跨索杆体系桥梁结构体系在各可能失效模式下的风险值,以及导致桥梁各重要构件损伤时变因素对桥梁性能退化的贡献率,综合评定大跨索杆体系桥梁结构体系服役期间的承载力,精准识别拉索在各可能重要失效模式下的预警索力。

(9)以南方澳跨海大桥运营期间遭重载车过桥引起长吊索失效后,继而全桥垮塌的工程实例,基于桥梁工程结构整体可靠性基本思想,考虑吊杆实际锈蚀等损伤状况,运用基于波传播分析的车-桥耦合振动方法,给出了系杆拱桥结构体系遇重载车过桥时各吊杆可能的失效次序。结合索-拱锚头冲击模型结果,反演大桥长吊索上锚头受车辆荷载作用的冲击响应,解析长吊索疲劳失效原因,随后结构体系发生链式损毁,而渐次崩溃。

(10)基于智慧交通车路协同理念,利用三维激光雷达数据处理大跨公路桥梁在收费站的车辆称重资料以及自动图像模式识别技术,运用基于波传播分析的车-桥耦合振动方法精准辨识预警索力,实现大跨公路索杆体系桥梁的车路协同安全预警,丰富智慧交通出行信息服务平台,为在役大跨公路拉索桥梁拉索结构的索力准确识别及实时运维管理提供理论依据和技术支撑,让出行人员能够享受到智慧交通带来的安全、高效、愉悦的美好出行体验。

综上可知,针对系杆拱桥、斜拉桥、悬索桥等大跨公路索杆体系桥梁随服役年限延长实际承载性能不断衰减和索力变迁的现状,以及当前长大跨公路索杆体系桥梁轻量化、高速度、大运载量、舒适度、安全性等的发展方向,给在役索杆体系桥梁的索力识别水平提出了高要求。本书清晰而系统阐述了朱位秋教授所著《随机振动》和朱教授在学术报告会上提出的车-桥耦合随机振动系统的安全可靠性，会以复杂的形式依赖于动态系统特性、激励的性质及大小、安全区的构造及系统的初始状态。针对索杆体系桥梁在索、杆锚固接头刚度存在突变区域的动力冲击响应亦是研究重点，鉴于当前对于索、杆锚固接头所处复杂几何及力学边界的动应力传递途径和疲劳损伤机理方面的研究基本是空白，本书由肖汝诚教授所著《桥梁结构体系》和肖教授在学术报告会上提出的从桥梁工程结构整体可靠性基本思想来模拟索杆体系桥梁的局部构件受车辆荷载作用的冲击响应，摸清处于复杂边界约束的索、杆锚固接头对车辆荷载的传力行为和拉索动力响应是大跨公路索杆体系桥梁运营期间安全性的关键。创新性提出公路索杆体系桥梁服役期间车辆疲劳波谱在桥梁结构体系各主要传递途径上的传播，实际上表征了索杆体系桥梁在不同传递途径下各构件动刚度匹配，其关键是厘清索杆体系桥梁结构体系中索(杆)锚固接头与车辆荷载冲击波的约束耦合关系。运用基于波传播分析的车-桥耦合振动方法，将公路索杆体系桥梁车-桥耦合振动控制的索力置于索杆结构体系中识别，精细量化吊杆锚固接头局部细节对冲击荷载的响应和锚头疲劳损伤机理，结合大跨公路桥梁在收费站的车辆称重及机器视觉，利用云控平台交通流动态信息、载运工具动态信息，本书制定了索杆体系桥梁基于波传播分析的车-桥耦合振动系统所控制的吊杆预警索力识别实施方案，可为我国在役大跨索杆体系桥梁实时安全运维提供理论依据及技术支撑。

6.2 工作展望

本书对大跨公路索杆体系桥梁基于波传播分析的车-桥耦合振动方法作了翔实的阐述，旨在强调桥梁工程设计、计算及检测中应考虑车辆动载交通对大跨索杆体系桥梁结构体系的早期效应和局部效应分析。尽管当前对车辆冲击直接作用的主梁(桥面板)疲劳致损及其新材料研发颇多，而对索、杆受车辆冲击的疲劳损伤机理未引起重视，索杆体系桥梁服役期间垮塌事故多归因于索、杆及其锚固接头的锈蚀。实际上，索、杆两端与结构相连的锚固接头区域存在刚度突变，量化研究吊杆锚固局部细节对车辆冲击荷载的传力及其疲劳致损机理应受到关注,在设计规范、电算软件、检测规范中应体现出对大跨索杆结构体系桥梁受车辆移动荷载作用的早期效应和局部效应方面的考虑。另外,鉴于大跨索杆体系桥梁的索、杆大多是由高强钢丝构成的柔性构件,服役期间在高应力状态下易产生锈蚀和疲劳损伤,亟须寻找研发新型高强、防锈蚀和抗疲劳损伤的高性能拉索新材料。

大跨公路索杆体系桥梁基于波传播分析的车-桥耦合振动方法预警索力识别仍有继续提高的空间。在拉索振动试验平台上,采用重物小球自由下落模拟冲击荷载,用高强钢丝或钢绞线来模拟吊杆,由于重物钢球下落时冲击时间短,平台振动信号离散性大,仍然需要进一步调试。为实现高保真可视化吊杆在冲击全过程中所处的状态,可逐步引入高速摄像机图像信息,对吊杆在冲击瞬间的受力和变形展开基于机器视觉的神经网络学习,将模型试验结果(包括试验振动信号分析结果与机器视觉分析结果)与理论及数值分析结果对比校核,也可将拉索振动平台已经取得的最可靠数据用于研发基于视觉成像的机器学习中识别相关参数,提升波传播分析及机器视觉方法的识别索动力精度。借助三维激光雷达数据处理及自动图像模式识别方法,建立深度学习服役期间索杆体系桥梁病害的卷积神经网络,丰富基于视觉成像的桥梁状态评定方法。

参 考 文 献

［1］项海帆.向桥梁强国迈进:中国离桥梁强国有多远［J］.中国公路,2014,17: 62-65.

［2］吴志强,仇勇懿,干靓,等.中国城镇化的科学理性支撑关键——科技部"十一五"科技支撑项目《城镇化与村镇建设动态监测关键技术》综述［J］.城市规划学刊,2011,4:1-9.

［3］肖汝诚.桥梁结构体系［M］.北京:人民交通出版社,2013.

［4］聂建国.我国结构工程的未来——高性能结构工程［J］.土木工程学报, 2016,49(9):1-8.

［5］何积丰.智能制造与安全可信人工智能［J］.信息安全与通信保密,2020, 12:2-6.

［6］葛耀君.桥梁工程:科学、技术和工程［J］.土木工程学报,2019,8:1-5.

［7］周念先.桥梁方案比选［M］.上海:同济大学出版社,1997.

［8］Bao Y Q,Shi Z Q,Beck J L,et al. Identification of time-varying cable tension forces based on adaptive sparse time-frequency analysis of cable vibrations［J］. Structural Control and Health Monitoring,2017,24(3):e1889. doi:10. 1002/ stc. 1889.

［9］Yang Y C,Li S L,Nagarajaiah,et al. Real time output-only identification of time-varying cable tension from accelerations via complexity pursuit［J］. Journal of Structural Engineering,2016,142(1):04015083. doi:10. 1061/(ASCE)ST. 1943-541X.0001337.

［10］STAHL F L,GAGNON C P. Cable corrosion in bridges and other structures: causes and solutions［M］. ASCE PRESS,New York,1996.

［11］Guo T,Liu Z,Correia,et al. Experimental study on fretting-fatigue of bridge cable wires［J］. International Journal of Fatigue,2020,131:105321. doi:10. 1016/j. ijfatigue. 2019. 105321.

［12］Liu Z X,Guo T,Hebdon,et al. Corrosion fatigue analysis and reliability assessment of short suspenders in suspension and arch bridges［J］. Journal of Performance of Constructed Facilities,2018,32(5):04018060. doi:10. 1061/ (ASCE)CF. 1943-5509.0001203.

[13] 黄娟.复杂边界约束的桥梁拉索索力识别与参数分析[M].北京:人民交通出版社股份有限公司,2019.

[14] 王修勇,陈政清,何旭辉,等.洞庭湖大桥风雨振减振试验研究[J].桥梁建设,2002,2:11-14.

[15] 周绪红,刘永健.钢桥[M].北京:人民交通出版社股份有限公司,2020.

[16] 周绪红,朋茜,秦凤江,等.钢桥面板顶板与纵肋连接焊根位置疲劳损伤特征[J].交通运输工程学报,2018,18(1):1-12.

[17] 朋茜,周绪红,狄谨,等.钢桥面板纵肋与横隔板连接位置疲劳损伤特征[J].中国公路学报,2018,31(11):78-90.

[18] 朱位秋.随机振动[M].北京:科学出版社,1992.

[19] HUANG J,WANG R H,TANG L Q. UL formulation for corrosion effect on cable state[J]. Journal of Highway and Transportation Research and Development(English Edition),2009,4(1):60-64.

[20] STAHL F L,GAGNON C P. Cable corrosion in bridges and other structures: causes and solutions[M]. ASCE PRESS,New York,1996.

[21] CHEN S X. Mathematical analysis of shock wave reflection[M]. Shanghai: Shanghai Scientific Publishers,2020.

[22] 胡海岩.机械振动基础[M].北京:北京航空航天大学出版社,2005.

[23] DOYLE J F. An experimental method for determining the dynamic contact law [J]. Experimental Mechanics,1984,24(1):10-16.

[24] DOYLE J F. Further developments in determining the dynamic contact law [J]. Experimental Mechanics,1984,24:265-270.

[25] DOYLE J F. Wave propagation in structures spectral analysis using fast discrete Fourier transforms[M]. Spring,New York,1997.

[26] RASMUS N,Sergey S. The WKB approximation for analysis of wave propagation in curved rods of slowly varying diameter[J]. Proceedings of the Royal Society. A,Mathematical,physical,and engineering sciences,2014,470(2167): 1-17.

[27] FUJIKAKE K25,LI B,SOEUN S. Impact response of reinforced concrete beam and its analytical evaluation[J]. Journal of Structural Engineering,2009,135 (8):938-958.

[28] 窦国钦,杜修力,李亮.冲击荷载作用下高强钢筋混凝土梁性能试验[J].天津大学学报自然科学与工程技术版,2014,12:1072-1080.

［29］ 赵德博,易伟建.钢筋混凝土梁抗冲击性能和设计方法研究［J］.振动与冲击,2015,34(11):139-145.

［30］ LEE S K,MACE B R,Brennan M J. Wave propagation,reflection and transmission in curved beams［J］. Journal of Sound Vibration,2007,306:636-656.

［31］ NGUYEN K H,KIM H C,SHIN H,et al. Numerical investigation into the stress wave transmitting characteristics of threads in the split Hopkinson tensile bar test［J］. International Journal of Impact Engineering,2017,109:253-263.

［32］ 王多智,范峰,支旭东,等.网壳结构冲击响应分析方法及抗冲击特性研究［J］.振动与冲击,2013,32(10):111-117.

［33］ 王多智,范峰,支旭东,等.网壳结构冲击失效规律分析［J］.土木工程学报,2012,S2:221-225.

［34］ FAN F,WANG D Z,et al. Failure modes of reticulated domes subjected to impact and the judgment ［J］. Thin-walled Structure,2010,48(2):143-149.

［35］ 范峰,王多智,支旭东,等.冲击荷载下凯威特型球面网壳的失效模式及其判别方法［J］.土木工程学报,2010,5:56-62.

［36］ 王礼立.爆炸/冲击动力学学习研究中的若干疑惑［J］.爆炸与冲击,2021,1:2-10.

［37］ 中华人民共和国交通运输部.公路桥涵设计通用规范:JTG D60—2015［S］.北京:人民交通出版社股份有限公司,2015.

［38］ 姚玲森.桥梁工程(第 3 版)［M］.北京:人民交通出版社股份有限公司,2021.

［39］ 张鹏飞,史吏,陈俊维,等.桥面不平顺对下承式系杆拱桥振动影响的试验和模拟研究［J］.中国公路学报,2021,34(2):199-210.

［40］ 谢青,韩万水,刘修平,等.基于模型修正的实体车-桥耦合分析系统建立及验证［J］.中国公路学报,2018,7:126-136.

［41］ STEVE CAI C S,DENG L,et al. Highway vehicle-bridge coupled vibrations:numerical simulations and applications ［M］. Beijing:Higher Education Press,2020.

［42］ YUAN Y,HAN W,LI G,et al. Time-dependent reliability assessment of existing concrete bridges including non-stationary vehicle load and resistance processes［J］. Engineering Structures,2019,197:109426.

［43］ NGUYEN K,CAMARA A,RIO O,et al. Dynamic effects of turbulent crosswind on the serviceability state of vibrations of a slender arch bridge including windvehicle-bridge interaction［J］. Journal of Bridge Engineering, 2017, 22 (11):06017005.

［44］SOHEIL S E,MATARAZZO T J,PAKZAD S N. Bridge modal identification using acceleration measurements within moving vehicles［J］. Mechanical Systems and Signal Processing,2020,141:106733.

［45］陈卓异,李传习,柯璐,等.某悬索桥钢箱梁疲劳病害及处治方法研究［J］.土木工程学报,2017,3:91-100.

［46］李游,李传习,陈卓异,等.基于监测数据的钢箱梁U肋细节疲劳可靠性分析［J］.工程力学,2020,37(2):111-123.

［47］张清华,崔闯,魏川,等.钢桥面板疲劳损伤智能监测与评估系统研究［J］.中国公路学报,2018,31(11):66-77,112.

［48］张清华,李俊,郭亚文,等.正交异性钢桥面板结构体系的疲劳破坏模式和抗力评估［J］.土木工程学报,2019,52(1):71-81.

［49］LAMA K H,CHENA Z H,etc. A magnetorheological damper capable of force and displacement sensing［J］. Sensors and Actuators A,2010,158:51-59.

［50］FOURNIER J A,CHENG S H. Impact of damper stiffness and damper support stiffness on the efficiency of a linear viscous damper in controlling stay cable vibrations［J］. Journal of Bridge Engineering,2014,19(4):04013022,1-12.

［51］SPAK K S,AGNES G S,INMAN D J. Modeling vibration response and damping of cables and cabled structures［J］. Journal of Sound and Vibration,2015, 336:240-256.

［52］BLANCHARD A,GENDELMAN O V,et al. Mode complexity in a harmonically forced string with a local spring-damper and transitions from vibrations to waves［J］. Journal of Sound and Vibration,2015,334(6):282-295.

［53］WANG L H,ZHANG X Y,et al. Measured frequency for the estimation of cable force by vibration method［J］. Journal Engineering Mechanics,2015,141(2): 1-7.

［54］周海俊,杨夏.拉索-双弹簧系统的自由振动特性分析［J］.工程力学,2013, 2:292-297.

［55］周海俊,孙利民.附加双线性油阻尼器斜拉索的阻尼特性研究［J］.振动与冲击,2010,3:1-4.

［56］李小珍,辛莉峰,王铭,等.车桥耦合振动2019年度研究进展［J］.土木与环境工程学报,2020,42(5):126-138.

［57］ ZHAI W M, HAN Z L, CHEN Z W, et al. Train-track-bridge dynamic interac-
      tion: A state-of-the-art review［J］. Vehicle System Dynamics, 2019, 57(7):
      984-1027.

［58］ 秦凤江, 周绪红, 梁博文, 等. 大跨度自锚式悬索桥主梁钢-混结合段模型试
      验［J］. 中国公路学报, 2018, 9:52-64.

［59］ 殷永高, 孙敦华. 悬索桥根式锚碇基础初步分析［J］. 土木工程学报, 2010,
      11:102-113.

［60］ 陈政清, 欧阳克俭, 牛华伟, 等. 中央稳定板提高桁架梁悬索桥颤振稳定性
      的气动机理［J］. 中国公路学报, 2009, 6:53-59.

［61］ 刘高, 强士中, 周述华. 悬索桥颤振的多模态耦合及机理研究［J］. 土木工
      程学报, 2001, 3:59-66.

［62］ 周毅, 孙利民, 谢谋文. 温度对斜拉桥跨中竖向位移的作用机理研究［J］.
      工程力学, 2018, 8:46-54.

［63］ 肖林, 叶华文, 卫星, 等. 斜拉桥桥塔钢-混结合段的力学行为和传力机理研
      究［J］. 土木工程学报, 2014, 3:88-96.

［64］ 刘庆宽. 用 LES 方法对斜拉桥斜拉索风雨振的机理的研究［J］. 工程力学,
      2007, 9:134-139.

［65］ 陈宝春, 韦建刚, 周俊, 等. 我国系杆拱桥应用现状与展望［J］. 土木工程学
      报, 2017, 6:50-61.

［66］ 高宗余, 阮怀圣, 秦顺全, 等. 我国海洋桥梁工程技术发展现状、挑战及对
      策研究［J］. 中国工程科学, 2019, 21(3):1-4.

［67］ 谢肖礼, 赵国藩, 胡安妮, 等. 系杆拱桥施工过程中考虑温度效应的预抬高
      量二阶分析［J］. 工程力学, 2005, 4:62-66.

［68］ 杜修力, 窦国钦, 李亮, 等. 纤维高强混凝土的动态力学性能试验研究［J］.
      工程力学, 2011, 4:138-144.

［69］ 项贻强, 吴强强. 基于性能的混凝土桥梁全寿命养护策略方法研究［J］. 重
      庆交通大学学报: 自然科学版, 2013, 5:918-925.

［70］ 魏进, 王晓谋, 陈渊召. 高等级公路沥青路面裂缝病害原因分析与养护技
      术［J］. 筑路机械与施工机械化, 2007, 8:1-4.

［71］ HUANG J, ZHOU J C. Application of conjugate gradient method to parameter
      identification of dirichlet series of BP2 model［J］. Journal of South China Uni-
      versity of Technology(Natural Science), 2009, 37(3):127-131.

［72］ 黄娟. 预应力混凝土斜拉桥长期荷载作用下时变效应分析［M］. 北京: 人

民交通出版社,2012.

[73] RESOLE Z,NAGATA K,MIYAWAKI Y,et al. Study on evaluation of corrosion environment on steel bridges using inverse distance weighting method[J]. Journal of Structural Engineering,2019,65:479-491.

[74] IZADI M,MOTAVALLI M,GHAFOORI E. Iron-based shape memory alloy(Fe-SMA)for fatigue strengthening of cracked steel bridge connections[J]. Construction and Building Materials,2019,227:116800.

[75] AL-AZZAWI Z,STRATFORD T,ROTTER M,et al. FRP strengthening of web panels of steel plate girders against shear buckling. Part-II:Fatigue study and cyclic series of tests[J]. Composite Structures,2019,210:82-95.

[76] LI J Y,ZHU S Y,SHI X,et al. Electromagnetic shunt damper for bridge cable vibration mitigation:full-scale experimental study[J]. Journal of Structural Engineering,2020,10.1061/(ASCE)ST.1943-541X.0002477.

[77] AN Y H,WANG Z Z,OU G,et al. Vibration mitigation of suspension bridge suspender cables using a ring-shaped tuned liquid damper[J]. Journal of Bridge Engineering,2019,10.1061/(ASCE)BE.1943-5592.0001372.

[78] HE X J,YANG Y C,XIAO X,et al. Research on fluid viscous damper parameters of cable-stayed bridge in northwest China[J]. Shock and Vibration,2017,10.1155/2017/4532325.

[79] WANG L H,ZHANG X Y,et al. Measured frequency for the estimation of cable force by vibration method[J]. Journal Engineering Mechanics,2015,141(2):1-7.

[80] SPAK K S,AGNES G S,INMAN D J. Modeling vibration response and damping of cables and cabled structures[J]. Journal of Sound and Vibration,2015,336:240-256.

[81] 何清华,陈发标.建设项目全寿命周期集成化管理模式的研究[J].重庆建筑大学学报,2001,4:75-80.

[82] 陆新征,江见鲸.世界贸易中心飞机撞击后倒塌过程的仿真分析[J].土木工程学报,2001,6:8-10.

[83] 温欣岚,罗占业,樊美娜,等.链式风险评估方法研究及工程应用[J].中国安全生产科学技术,2019,3:154-160.

[84] 张建仁,彭建新,阳逸鸣.特大跨桥梁安全性设计评定与设计研究进展[J].中国基础科学,2019,2:28-32.

［85］ 李杰.工程结构整体可靠性分析研究进展［J］.土木工程学报,2018,51
(8):1-10.

［86］ 王亚伟,郑凯锋,熊籽踔,等.地震与风联合作用下大跨桥梁车-桥耦合振动
分析［J］.中国公路学报,2021,34(2):298-308.

［87］ 《中国公路学报》编辑部.中国桥梁工程学术研究综述·2021［J］.中国公
路学报,2021,34(2):1-97.

［88］ CHEN J G,WADHWA N,CHA Y J,et al. Modal identification of simple struc-
tures with high-speed video using motion magnification［J］. Journal of Sound
and Vibration,2015,345:58-71.

［89］ YANG Y C,DORN C,MANCINI T,et al. Blind identification of full-field vi-
bration modes from video measurements with phase-based video motion magni-
fication［J］. Mechanical Systems and Signal Processing,2017,85:567-590.

［90］ 陈政清.结构动力学［M］.北京:人民交通出版社股份有限公司,2022.

［91］ TANG P,AKINCI B. Formalization of workflows for extracting bridge surveying
goals from laser-scanned data［J］. Automation in Construction,2012,22(3):
306-319.

［92］ Aa A,Fb B,Pt C. Planning for terrestrial laser scanning in construction:A re-
view［J］. Automation in Construction,2021,125:103551. https://doi-org. ez-
proxy. lb. polyu. edu. hk/10. 1016/j. autcon. 2021. 103551.

［93］ XIONG W,KONG B,TANG P B,et al. Vibration-Based Identification for the
Presence of Scouring of cable-stayed bridge［J］. Journal of aerospace engineer-
ing,2018,31(2):4018007.

［94］ CHEN G,LIANG Q,ZHONG W,et al. Homography-based measurement of
bridge vibration using UAV and DIC method［J］. Measurement,2020,170
(2):108683.

［95］ ZHAO W J,ZHANG G W,ZHANG J. Cable force estimation of a long-span ca-
ble-stayed bridge with microwave interferometric radar［J］. Computer-Aided
Civil and Infrastructure Engineering,2020,35(12):1419-1433.

［96］ GUO J J,WANG Q,Li Y T. Semi-supervised learning based on convolutional
neural network and uncertainty filter for façade defects classification［J］. Com-
puter-Aided Civil and Infrastructure Engineering,2021,36(3):302-317.

［97］ WANG H,WRIGHT T J,LIU-ZENG J,et al. Strain rate distribution in south-
central Tibet from two decades of InSAR and GPS ［J］. Geophys. Res. Lett. ,

2019,46(10):5170-5179.

[98] SONG C L,ZHANG C,SHAFIEEZADEH A,et al. Value of information analysis in no-stationary stochastic decision environments: A reliability-assisted POMDP approach[J]. Reliability Engineering and System Safety, 2022, 217:108034.

[99] Baqersad J,Poozesh P,Niezrecki C,et al. Photogrammetry and optical methods in structural dynamics – A review[J]. Mechanical Systems & Signal Processing,2017,86 cpt. 137:17-34.

[100] 孙利民,尚志强,夏烨. 大数据背景下的桥梁结构健康监测研究现状与展望[J]. 中国公路学报,2019,32(11):1-20.

[101] CUI C,XU Y L,ZHANG Q H,et al. Vehicle-induced fatigue damage prognosis of orthotropic steel decks of cable-stayed bridges[J]. Engineering Structure,2020,212(C):110509.

[102] CAMARA A,RUIZ-TERAN A M. Multi-mode traffic-induced vibrations in composite ladder-deck bridges under heavy moving vehicles[J]. Journal of Sound Vibration,2015,31(2):264-283.

[103] CHEN J H,ZHANG D Y,ZHOU W S,et al. Uneven spatial distribution of fatigue cracks on steel box-girder bridges: A Data-driven Approach Based on Bayesian Networks. Structure and infrastructure Engineering,2021,17(7):1007-1018.

[104] 周勇军,薛宇欣,李冉冉,等. 桥梁冲击系数理论研究和应用进展[J]. 中国公路学报,2021,4:31-50.

[105] ASTRO M,SANCHEZ J A. Fatigue and healing of asphalt mixtures: discriminate analysis of fatigue curves[J]. Journal of Transport Engineering,2006,132(2):168-174.

[106] PINTARE LLI M G,MELOJ. Influence of haversine and sinusoidal wave load on estimating fatigue life of asphalt layers[J]. Journal of Materials in Civil Engineering,2019,31(8):04019131.

[107] ASTRO M,SANCHEZ J A. Fatigue and healing of asphalt mixtures: discriminate analysis of fatigue curves[J]. Journal of Transport Engineering,2006,132(2):168-174.

[108] DODDS C J,ROBSON J D. The description of road surface roughness[J]. Journal of Sound Vibration,1973,31(2):175-183.

［109］ 叶见曙. 结构设计原理［M］. 4 版. 北京:人民交通出版社股份有限公司,2020.

［110］ 中华人民共和国交通运输部,公路钢筋混凝土及预应力混凝土桥涵设计规范:JTG 3362-2018［S］. 北京:人民交通出版社股份有限公司,2018.

［111］ 中华人民共和国交通运输部,公路钢混组合桥梁设计与施工规范:JTG D64-01-2015［S］. 北京:人民交通出版社股份有限公司,2015.

［112］ Institution B S. Steel,concrete and composite bridges Part 2:Specification for loads:BS 5400-2-2006［S］. Fatigue,2006.

［113］ Institution B D. Design Manual for Roads and Bridges:BD 37/01［S］. Fatigue,2001.

［114］ KHAN M H,LI B,TAN K T. Impact load wave transmission in elastic meta-materials［J］. International Journal of Impact Engineering,2018,118:50-59.

［115］ BRÛLÉ S,JAVELAUD E H,ENOCH S,et al. Experiments on seismic meta-materials:molding surface waves［J］. Physical Review Letters,2014,Vol. 112(13):133901-133901.

［116］ PRZEMIENIECKI J S. Theory of matrix structural analysis［M］. Dover Publication,INC. Mineola,New York,1985.

［117］ 曾庆元,杨平. 形成矩阵的"对号入座"法则与桁梁空间分析的桁段有限元法［J］. 铁道学报,1986(2):48-59.

［118］ 中华人民共和国交通运输部. 公路工程结构可靠性设计统一标准:JTG 2120—2020［S］. 北京:人民交通出版社股份有限公司,2020.

［119］ 张毅,姚丹亚. 基于车路协同的智能交通系统体系框架［M］. 北京:电子工业出版社,2015.

［120］ 张佐,张毅,姚丹亚. 车路协同自动驾驶:交通系统呈现全面智能化走向［J］. 前沿科学,2019,2:56-60.

［121］ 岑晏青,宋向辉,王东柱,等. 智慧高速公路技术体系构建［J］. 公路交通科技,2020,7:111-121.

［122］ 李斌,侯德藻,张纪升,等. 论智能车路协同的概念与机理［J］. 公路交通科技,2020,10:134-141.